U0147630

西藏歷史

陳慶英　著

前言

　　藏族是中國多民族大家庭中的一個重要成員，西藏是藏族的主要聚居區，是藏文化的發源地，西藏的歷史是中國歷史的重要組成部分。歷史上，西藏地方與祖國內地及其他兄弟民族地區形成了經濟上相互依存、政治上密切關聯、宗教文化上水乳交融的局面。自元代西藏地方納入中央王朝的行政管轄以來，歷代中央政府對西藏地方實施了有效的管理。總結歷代西藏地方發展穩定和社會治理的基本規律與成敗得失，發掘中國各民族相互交往、交融的歷史經驗，既有助於繼承和吸收優秀傳統文化，增強民族自豪感，也有助於凝聚西藏各族人民的心力，以實現把西藏建設成重要的中華民族特色文化保護地的宏偉目標，並與全國各族人民一起實現中華民族偉大復興的中國夢。

　　西藏歷史既是西藏地區的地方歷史，也是藏族歷史的重要組成部分，其內容豐富龐雜，要將其歸納到一本十來萬字普及性的讀物中，是一件十分困難的工作。本書編寫的主旨，是力圖以簡明扼要的文字，比較系統地表現西藏各個歷史階段的重要內容，以說明西藏歷史發展的主要線索。筆者在編寫過程中，注意參考前人的有關論著，也盡量吸收西藏歷史研究中新的成果。

第一章

吐蕃王朝
建立前的西藏

西藏是中華人民共和國的一個民族區域自治地方，是一個省一級的自治區，其全稱為西藏自治區。西藏的面積為一百二十萬平方公里，約占全國總面積的 12.8％。現在西藏全區劃分為五個地級市，即自治區首府拉薩市、日喀則市、昌都市、林芝市和山南市，另有阿里、那曲二個地區，合計七個地級行政單位；七十個縣和四個縣級區（合計 74 個縣級行政單位）；691 個鄉級行政區，包括 140 個鎮、534 個鄉、8 個民族鄉以及 9 個街道辦事處。據二〇一〇年第六次全國人口普查數據，全區常住人口為 300.22 萬，其中藏族人口271.64 萬，占 90.48％，漢族人口 24.53 萬，占 8.17％，回族、門巴族、珞巴族、納西族、怒族等其他民族共有 4.05 萬人，占 1.35％。西藏北面與新疆維吾爾自治區、青海省相連，東面與四川省、雲南省相連。從西北到東南沿喜馬拉雅山脈漫長的邊界線與印度、尼泊爾、不丹、緬甸等國接壤，國境線長達四千多公里，是中國國際邊界線最長的省區之一。

　　西藏自治區所在的青藏高原是世界上地質歷史最年輕的高原。早上新世的三趾馬動物群化石和豐富的遠古植物資料證實，直到第三紀晚期該地區的海拔還只有一千米，氣候濕潤炎熱，一派熱帶森林和草原景觀。只是在近三百萬年左右的時間內，才逐漸上升到目前平均海拔四千多米的高度。其中，從距今一萬年前起共上升了約七百米。素有「世界屋脊」之稱的青藏高原從北到南有四個巨大的由西向東延伸的山脈，即：阿爾金山—祁連山脈、崑崙山—巴顏喀拉山脈、喀喇崑崙山—唐古拉山脈、喜馬拉雅山脈。這些山脈中間擴展開來，兩頭聚攏，西部形成帕米爾高原「山結」，東南形成橫斷山「山束」，使得整個青藏高原在地形圖上像一個內裝重物、兩頭紮緊的大口袋。在高原的內部，南北並列的山脈和山脈之間的台地又形成一個一個小的口袋。如同在一個大口袋中裝著若干個小口袋。西藏位於青藏高原的西部和南部，占整個青藏高原面積的一半還多。西藏的總體地形構造是夾在喜馬拉雅山和喀喇崑崙山—唐古拉山這南北兩道高牆之間的西北高東南低的三級階梯，即：1、藏北高原。約占西藏面積的三分之二，平均海拔在四千五百米以上，除西南角的幾條河以外，多

數是內流河，形成眾多的高原湖泊；2、雅魯藏布江流域，平均海拔在三千五百米左右，河流都匯入由西向東的雅魯藏布江；3、藏東峽谷地帶，從雅魯藏布江大拐彎處到金沙江，平均海拔在三千五百米以下，地勢北高南低，山脈和河流變為從北向南的走向，金沙江、瀾滄江、雅魯藏布江成為亞洲幾條主要江河長江、湄公河、布拉馬普特拉河的上游。

　　從地形上看，西藏南部的喜馬拉雅山是世界上最高最大的山脈，世界第一高峰珠穆朗瑪峰和大多數海拔超過八千米的高峰都集中在這裡，喜馬拉雅山南麓地勢陡降，很快與印度炎熱潮濕的恆河平原相接，形成南麓和北麓的氣候和自然景觀相差懸殊。而在西面、北面和東面，青藏高原和帕米爾高原、黃土高原、四川盆地、雲貴高原相連接，氣候和自然景觀逐步過渡。由於海拔高，喜馬拉雅山脈擋住了印度洋暖濕氣流的北上，所以高原氣候寒冷而且乾燥。拉薩一月平均氣溫為-2.2℃，七月平均氣溫為 15.1℃，那曲一月平均氣溫為-13.9℃，七月平均氣溫為 8.9℃，絕大部分地區年均溫度在 10℃以下，拉薩、日喀則的年平均氣溫和最熱月氣溫，都比同緯度的重慶、武漢、上海低10至15℃。整個青藏高原冬季漫長，無霜期短，拉薩和日喀則為一百二十至一百八十天，那曲地區僅有六十至八十天，沒有嚴格意義的夏季。年平均最低氣溫低於 0℃的天數，西藏拉薩為 173.3 天，日喀則為 189.7 天，那曲為 276.9天，而年平均最高氣溫高於 10℃的天數，大部分地區在五十天以下，最高的也不到一百八十天。降水量少而且集中在七、八兩個月，年降水量拉薩為453.9 毫米，阿里噶爾縣為 60.4 毫米，那曲為 406.2 毫米。冬春多暴風雪，夏秋多雷暴、多冰雹，那曲年平均雷暴日在八十五天以上、雹日在三十五天以上。西藏又是多風的地區，年平均大風（8 級以上）日數拉薩為 32.4 天，日喀則為 59.3 天，而那曲和阿里的牧業區為一百至一百五十天，最多的地方可達二百天。在這樣的氣候條件下，西藏的植被呈垂直分布，地勢較低的河谷地帶有森林，再往上依次是灌叢草甸、高山草甸、高山草原、高山荒漠，雪線以上的高峰峻嶺終年冰雪覆蓋，為大片的雪山冰川，類似地球南北兩極的景觀。從

▲ 相傳，西藏第一塊青稞地就在澤當撒拉村。

整體來看，西藏的大部分地區是荒漠草原，不適宜農耕，只有少部分氣候比較溫暖的河谷由於日照長、土質肥沃、水源充足，具有發展高原灌溉農業的有利條件，但耕地總面積不到四百萬畝，大部分地區為高原游牧區。雖然西藏牧業分布地域遼闊，但是可以有效利用的面積有限。廣大草原牧草生長季節短，產草量低，載畜量低，而且多風雪災害，生產很不穩定。農田必須有水利灌溉，莊稼才能生長成熟，因此耕地分散在河谷地帶，一年只能一熟。在幾千年乃至

幾萬年的歷史長河中，繁衍生息在西藏的各個民族，正是在與嚴酷的自然條件進行不斷的艱苦鬥爭中發展起來的。

二十世紀五〇年代以來，在西藏各地陸續發現了一些古人類活動遺址，有的屬於舊石器、新石器時代，這說明在遠古時期就有人類活動在西藏高原。其中，對昌都卡若遺址和拉薩北郊曲貢遺址的發掘具有重要意義。卡若遺址面積約一萬平方米，出土大型石器近七千件，有鏟、斧、鋤、犁和切割器、刮削器、砍砸器等工具；骨器四百多件，有骨錐、骨針等；陶片二萬多件，陶色有紅、黃、灰、黑四種，有陶罐、陶缽、陶盆等。另外，卡若遺址還出土了豬、羚羊、狍子等十幾種動物的骨骼，以及大量的粟類穀物，還有房屋遺址二十七處，有石牆、灶、灰坑等。據考古專家鑑定，卡若遺址的年代在距今四千多年以前，它證明當時西藏人類種群的一部分正逐漸進入定居時代，生產活動已從採獵擴展到兼營農業和飼養家畜。考古專家還認為，卡若遺址是一座延續至少一千多年的原始村落，卡若文化與黃河流域的馬家窯文化早期的半山、馬廠文化的進化水平基本相同，而且文化內涵有很大的相似性（見《昌都卡若》，文

▲ 昌都卡若遺址中的住宅遺址

▲ 昌都卡若遺址出土文物：彩釉雙體陶罐

物出版社，一九八五年；《西藏考古大綱》，侯石柱著，西藏人民出版社，一九九二年）。拉薩曲貢遺址有早期石板墓兩座，灰坑十多個，出土石器有近萬件之多，骨器有骨針、骨錐等，特別是一枚骨針在針尖穿一針鼻，針尾無鼻，其原理與現代縫紉機針相似，是全國史前遺址中首次發現。陶器有單耳罐、雙耳罐、高領鼓腹罐等，外表打磨光滑，壓有變化多樣的幾何紋飾。另外，曲貢遺址中發現雙肩石鏟、石磨盤，表明四千年前拉薩一帶農業經濟已經產生（見《拉薩河谷的新石器時代居民——曲貢遺址發掘記》，王仁湘著，《西藏研究》一九九〇年第 4 期）。

藏族的傳說和古籍中把自己的祖先追溯到青藏高原的遠古居民。藏族古老宗教苯教的文獻中，認為世界最初是由五種本原物質產生的一個發亮的卵和一個黑色的卵，從發亮的卵的中心生出人間的始祖什巴桑波奔赤，人類是從什巴桑波奔赤的後裔——天界和地界的神當中繁衍出來的。還有的傳說認為是由獼

▲ 曲貢遺址出土文物：鐵柄銅鏡

▲ 曲貢遺址出土文物：雙耳陶罐

猴和岩魔女的結合傳出西藏的人種，並且認為藏族最初的祖先就生活在雅魯藏布江邊的澤當附近，這一傳說可能起源於古人類對祖先來自森林地區的模糊的記憶。藏文《弟吳宗教源流》和《智者喜宴》記載，西藏地區在人類出現之前曾經由十種（或 12 種）非人統治過，那時西藏地區就被稱為「博康」（bod-khams）之地，而「博巴」（bod-pa）正是藏族古往今來一貫使用的自稱，可見是由地域的名稱演變為民族的族稱。而青藏高原周邊的一些民族，例如

▲ 藏族人的起源故事圖（唐卡，布達拉宮藏）

羌族、納西族、普米族的創世神話傳說則認為，他們的祖先來自青藏高原的腹心地區。依據近年在青藏高原的考古發現、民間的神話傳說以及對青藏高原的自然環境的分析，我們可以認為，青藏高原的古人類最初活動地域應在西藏雅魯藏布江中下游的森林地帶，後來隨著使用火的出現，增強了人類抵禦猛獸的能力，增加了人類食物的種類，逐步沿著河流分散，分布到雅魯藏布江、拉薩河、年楚河、尼洋河、雅隆河流域，並在這些河谷地帶發展出早期的農業和馴養家畜。在農業發展到可以養成畜群，並將野馬馴化為家馬、將狼馴化為狗以後，古人類才能夠在遼闊的草原上生存，並發展起大規模的畜牧業。以奶酪肉

▲ 雅隆河谷藏族先民的漁獵生活

食為主提高了牧民的體質，畜群的增長需要尋找新的草場，這使得游牧部落有可能和有必要進行長途遷徙，向更大的地域擴散。從藏北草原翻越唐古拉山到達長江、黃河源頭的游牧部落在以青海湖為中心的廣大草原地帶發展為一個又一個的部落聯盟，並繼續向東擴展到黃土高原，與黃河中下游的華夏部落接觸交往，這就是漢文古籍中所記載的羌人和西羌部落（漢文史料解釋「羌」為西方牧羊人，這一稱謂的實際意義還有待研究）。向東發展的羌人部落有許多前後加入到黃河中下游漢族的形成發展過程中。另一部分從青海南下經過橫斷山脈進入雲貴高原，甚至遠到緬甸，發展成藏緬語族的一系列民族，通過語言上的相近還能夠看到他們在民族起源上的親緣關係。而留在青藏高原上的農業部落和游牧部落，經過唐代吐蕃王朝的統一，形成為藏族。羌、藏之間的歷史淵源關係，可能正如費孝通教授所說：「即使不把羌人作為藏族的主要來源，羌

人在藏族形成過程中的作用也是無可懷疑的。」（見《中華民族多元一體格局》，費孝通主編，中央民族大學出版社，一九九九年，第 28 頁）

　　和世界上其他民族的形成過程相同，西藏的古代先民最初也是以血緣親屬關係組成各個血緣氏族，由血緣氏族組成血緣部落，並且經過漫長的母系氏族社會演變到父系氏族社會。藏文古籍《漢藏史集》說，藏族先民最初分為塞（se）、穆（rmu）、東（stong）、董（ldong）四大族系，由此四大族系繁衍出大部分的吐蕃人。又說由四大族系分為查（dbra）、祝（vgru）、董（ldong）、噶（lga）、韋（dbas）、達（brdav）等六支，每一支又分為十幾個支系。藏語稱姓氏為 rus-pa，本意是「骨頭」，亦譯「骨系」，就表明姓氏和血緣有密切的關係。古代部落隨著生產的發展、人口的增加和氏族的遷徙，由一個部落分化為若干部落，或者由於部落之間的通婚、結盟、戰爭征服等原因，幾個部落合併為一個新的部落。為在頻繁的爭奪水源、牧場、土地和屬民的部落戰爭中存在和發展，一些部落由臨時的同盟發展為固定的聯盟，或者被征服的部落附屬於勝利的部落，形成部落聯盟。同時在部落中出現了貧富分化和等級差別，一些部落的首領變成了部落的貴族，並把財富和權力傳給自己的子孫，出現了「王」和「臣」、貴族和平民的區別。戰爭中的俘虜被當作奴隸使用，被征服的氏族部落成為戰勝者的附屬，要向戰勝者交納差稅，在戰爭中提供兵員。部落聯盟處在不斷分化和組合的過程中，一些部落聯盟衰敗了，新的部落聯盟又起而代之。

　　到西元六世紀時，藏族先民的部落群經過數千年的遷徙、發展和分化組合，形成大大小小的數十個部落聯盟。其中分布在西藏地區的有所謂「四十小邦」，由四十小邦又合併為「十二小邦」。據《敦煌本吐蕃歷史文書》記載，十二小邦中有：「象雄」，位於西部阿里、拉達克一帶，漢文史籍稱為大小羊同，認為是西羌的一個部落；「娘若切喀爾」「努布」「娘若香波」，位於後藏江孜一帶；「卓木南木松」，位於亞東到錫金一帶；「幾若江恩」「岩波查松」「龍木若雅松」，位於拉薩河流域；「雅茹玉西」「俄玉邦噶」「埃玉朱西」，位於

西藏山南一帶；「工布哲那」，位於工布地區，「娘玉達松」，位於娘布地區，「達布朱西」，位於塔工地區，這三個地區是今天的西藏林芝市大部和山南地區的東部，「琛玉古玉」，位於山南地區的桑耶一帶；「蘇毗雅松」，位於藏北草原直到玉樹、甘孜地區，漢文史籍稱它為西羌中的一個大部落。另有後來建立吐蕃王朝的「悉補野」部落，位於山南瓊結一帶。

在這些小邦中，位於西藏西部的「象雄」受到學者們特別關注，一些學者認為，象雄立國的年代大致在西元前四世紀至西元前一世紀的範圍，而「象雄大體年代，可能為西元前四世紀至西元七世紀，前後延續約一千多年的歷史，在西藏古代史上占有非常重要的一段」。根據藏文史料記載，象雄王國的都城是「穹隆銀城」。在古象雄王國的腹心地區，今西藏阿里地區有兩個名為「穹隆銀城」遺址，一個位於噶爾縣，一個位於札達縣，兩者都是建在山體上的城堡遺址、在象泉河沿岸，均符合文獻中記載的「穹隆銀城」的地理條件，究竟是何者，尚無定論。另據古籍記載，象雄曾是西藏本土宗教苯教的發源地，苯教的祖師辛饒在這裡創立了系統化的「雍仲苯教」，象雄的苯教大師據說在吐蕃止貢贊普時代還應邀到吐蕃內地「超薦凶煞」，他們法力無邊，能修火神法，可騎在皮鼓上遊行於空中。象雄以游牧經濟為主，射獵是其重要生產活動；出產鍮石、硃砂、麝香，以及駿馬、犛牛；商業貿易也十分活躍，將當地出產的食鹽運往天竺出售是其重要商貿活動。可以說，象雄是早期西藏西部的一個經濟和文化都比較發達的小邦，而且和周邊地區的交往頻繁，是古代經濟和宗教文化交流的一個中心。

在這些小邦中，有比較詳細的歷史傳說記載而且對後來西藏歷史的發展起了重要作用的是西藏山南地區的悉補野部落。依據古老的傳說，該部的第一代首領，即吐蕃王室先祖聶赤贊普是從天界下降人間，降臨到雅拉香波神山，被當地的牧人擁戴為王，由於是牧人以頸為座椅把他抬回來的，所以稱為「聶赤贊普」（「聶赤」即「頸座」之意，贊普是對悉補野部落首領的專稱）。而苯教文獻則記載，他是從波密一帶遷徙到瓊結地方然後發展起來的部落首領，由於

▶ 據藏文史籍記載,西藏的第一座王宮雍布拉康就是在聶赤贊普時期建造的。

他來自波密,因此被稱為「悉補野」(《西藏通史——松石寶串》〔上冊〕,恰白·次旦平措等著,西藏古籍出版社,一九八九年)。在聶赤贊普時代,在雅隆河谷修建了雍布拉崗的宮室,說明當時雅隆河谷已經有了比較發達的農業和畜牧業。聶赤贊普又傳到止貢贊普,在部落聯盟的內部鬥爭中,止貢贊普被屬下的小部落首領羅阿木達孜殺死。止貢贊普的兩個兒子被流放到工布,其中的聶歧當了工布的小王,夏歧舉兵報仇,奪回了王位,改名為布德貢傑,為其父王止貢贊修建了陵墓,並興建了瓊結的瓊瓦達孜城堡。薩迦·索南堅贊《王統世系明鑒》說,在布德貢傑時代已能燒製木炭,冶煉銅、鐵、銀等金屬,還修渠引水,灌溉農田,並且製造犁軛,用二牛共軛耕田。鐵製農具的出現和使

用畜力，大大提高了農業生產力，因而人口增加，部落繁盛。部落聯盟的發展帶來了部落首領王權的提高，在聶赤贊普時，輔助贊普的是「三尚一論」，「尚」是舅氏，即親緣部落的首領，「論」是贊普的家臣，還帶有明顯的部落聯盟的特徵。到第十六代贊普岱處保南木雄贊時，開始設置了「大論」（即大相），以後又出現了為贊普管理、收納貢賦的「岸本」（財稅官）。各個部落首領和貴族要向贊普盟誓，效忠贊普，臣下的官位、領地、屬民被認為是贊普的封賜，如果臣下不忠，贊普可以對其處以刑罰，剝奪其封地和屬民，在臣下的家族發生絕嗣，即沒有男性後裔繼承的情況下，其封地、屬民要由贊普收回，由此確定了贊普和臣下的君臣關係。

　　到第二十九代贊普達布聶西時，雅隆悉補野部落已經基本上統一了雅魯藏布江南岸地區，併力圖向江北發展。此時在拉薩河流域存在著岩波查松（在澎波一帶）和幾若江恩兩個小邦。《敦煌本吐蕃歷史文書》說，岩波查松之王森波傑・達甲吾溺於惡政，臣下怨憤，其家臣念・幾松那保勸諫，不被採納，反被逐出大臣之列，念・幾松那保乃歸降幾若江恩之王森波傑・墀邦松，他們殺死達甲吾，使幾若江恩吞併了岩波查松。森波傑・墀邦松把達甲吾的轄地劃出一部分劃歸念・幾松那保管轄，並劃分一些屬民給念・幾松那保。這說明給功臣封授土地和屬民已是當時的一種習慣。此後，被墀邦松劃給念・幾松那保的屬民娘・曾古對念氏不服，向墀邦松申訴，遭到墀邦松的斥責。墀邦松的岸本韋・雪多日庫古和內相線・墀熱頓孔爭鬥，韋・雪多日庫古被殺死，其弟韋・義策要求墀邦松做主，要線・墀熱頓孔賠償命價，被墀邦松拒絕。於是深恨墀邦松的娘氏和韋氏祕密盟誓，要歸附悉補野部，推翻墀邦松。後來參加這一密謀的還有他們的親戚朋友農氏和蔡邦氏。他們派人到瓊結和達布聶西連繫，達布聶西雖然有一個妹妹嫁給墀邦松，還是同意了消滅墀邦松的計劃。在準備出兵攻打墀邦松的時候，達布聶西去世了，其子倫贊繼承贊普位，繼續執行這一計劃，發兵一萬，渡過雅魯藏布江，在娘氏、韋氏、農氏、蔡邦氏的配合下，攻滅幾若江恩小邦，占領了拉薩河流域。群臣送倫贊尊號為「朗日倫贊」，朗

日倫贊也論功行賞，給娘氏、韋氏、農氏各封一千五百戶屬民，給蔡邦氏封屬民三百戶。此後又有後藏娘若切喀爾小邦的大臣瓊保·蘇孜殺死其王，以後藏的土地和兩萬戶屬民來獻，朗日倫贊也對他加以封賞。至此，悉補野部統一了雅魯藏布江的中下游地區，也即是西藏主要的農業區域。

第二章

吐蕃王朝
時期的西藏

朗日倫贊統一雅魯藏布江的中下游以後，在悉補野部的首邑瓊瓦達孜之外的拉薩河流域建立了一個統治中心，以管理新徵服的地區，所以藏文史料說他的兒子松贊干布就出生在拉薩河上游的墨竹工卡的亞倫札對宮（見《我對〈松贊干布年譜〉的質疑》，巴桑旺堆著，《西藏研究》一九八五年第 1 期）。按松贊干布十三歲繼位的說法，則朗日倫贊在統一諸小邦之後至少還在位十多年。在這期間，他的主要活動顯然是鎮壓各地殘存的反抗勢力，繼續對蘇毗、象雄等小邦進行統一戰爭，同時還要協調屬下新舊貴族大臣之間的關係，解決他們之間因權勢的分配而產生的矛盾，以加強贊普王室的地位，鞏固新建立的王朝的統治。《敦煌本吐蕃歷史文書》記載，他在這一時期曾派兵鎮壓過達布地區的反叛，以及最後朗日倫贊被一些反叛者毒死，這些都說明當時為鞏固新政權還在進行著激烈的鬥爭。

　　松贊干布的出生年代還沒有定論，多數學者認為他出生於西元六一七年（可能比這還要早一些），在六二九年繼位為贊普。《敦煌本吐蕃歷史文書》說，他繼位之初，「父王所屬民庶心懷怨望，母后所屬民庶公開叛離」，在內部不穩的情況下，象雄、蘇毗、達布、工布等新歸附的小邦也公開反叛。松贊干布親政時雖然只有十三歲，但他立即採取堅決措施鎮壓各種反叛勢力，「對進毒為首者諸人等斷然盡行斬滅，令其絕嗣。其後，叛離之民庶復歸轄治之下」。松贊干布為鞏固新建立的吐蕃王朝，採取了一系列影響深遠的重大措施，在西藏歷史上起到了重要作用，因此被後人公認為吐蕃王朝的創建者。松贊干布的業績可以歸納為三個主要方面：

一、創製了通行至今的藏文，並制定法律

　　按照藏族先民社會發展的程度，還在小邦林立的時期就已經有了使用文字的需要，很可能有一些地區使用過某幾種不太完備的文字。松贊干布繼位後不久就派遣吞彌·桑布扎等貴族子弟到印度去學習文字學，回來後創製了採用拼音的藏文，並且立即在吐蕃王朝的行政管理中使用。松贊干布以極大的熱情推

▲ 松贊干布像

▲ 吞彌‧桑布扎

行藏文，使得西藏的古代文明進入一個嶄新的階段。松贊干布制定了一系列的法律，以保證王室和貴族的統治地位，規範社會各個階級的行為準則，鎮壓屬民的反抗。吐蕃王朝在贊普之下設大論一人（後期增加到多人）、副大論一人，協助贊普掌管軍政大事，又設內大論一人、副內大論一人，掌管內政，設司法大臣掌管糾察和司法。他還規定各級官員的品級、職權，以瑟瑟、金、銀、銅、鐵製作的章飾（告身）區分為十二等，嚴格規定社會各階層的身分地位，身分不同的人受到傷害，對犯罪人的處罰從賠償命價銀一千一百兩到十兩不等，以下犯上的還要伴以處死、抄沒家產等處罰，盜竊國王、貴族和平民的財產處以從一百倍到八倍的罰款。隨著階級劃分得到法律的保障，吐蕃社會上殘留的氏族部落血緣關係的社會作用被抑制和削弱，王室職權的權威在社會上確立起來。

二、建立了一套軍政、軍民結合的行政體制

松贊干布把雅魯藏布江中下游地區劃分為四個如（ru，亦譯為翼），即以拉薩為中心的伍如（dbu-ru，中央翼），以乃東為中心的約如（gyo-ru，左翼），以南木林為中心的葉如（gyas-ru，右翼），以拉孜為中心的如拉（ru-lag，分支翼）。按《五部遺教》的記載，每一個如又分為上下兩部分，每如設將軍一人，副將一人，分領上下部，各有四個千戶所，每個如另有一個小千戶所。《智者喜宴》說，每個如還有一個直屬贊普的禁衛千戶所，合計四如有四十個

千戶所。在征服象雄和蘇毗後又將「如一千戶所」的體制推行到象雄和蘇毗，象雄設十個千戶所，蘇毗設十一個千戶所，合計全吐蕃有六十一個千戶所。千戶所設千戶長，由贊普任命，有特殊功勞的大臣可以受封為世襲千戶長。吐蕃的四如和千戶所的劃分是按地域而不是按氏族，因而是超越氏族部落血緣關係的王朝的行政機構。各個千戶所之下又劃分為若干個部落，部落設部落

▲ 拉薩帕崩崗——創製藏文的聖地

長、先鋒官、農田官、財稅官、文書等官職，管理部落的生產、軍事、賦稅等。從敦煌出土的文書和新疆發現的吐蕃王朝時期的藏文木簡看，各部落中有多種姓氏已是普遍的現象，甚至一些部落中還有外民族的人摻雜其中，這說明吐蕃王朝時代的部落也在轉變成為一級地域性的行政機構。

三、繼續進行統一青藏高原的事業

在征服象雄和蘇毗之後，新興的吐蕃王朝繼續向東北方向擴張。當時在青海湖周圍是吐谷渾王國，吐谷渾王室是從東北遷徙來青藏高原的鮮卑的一支，其統治的臣民多數是當地的西羌部落，吐蕃為統一與自己有親緣關係的党項和

▲ 大相噶爾・東贊域宋（《唐書》記作祿東贊）

西山八國等西羌部落，同時打通與經濟文化發達的黃河流域的通路，力圖兼併吐谷渾，松贊干布親自領兵會同象雄攻擊吐谷渾，占領吐谷渾大部地方，吐谷渾向唐朝求救，於是吐蕃和建立不久的唐朝發生了軍事衝突。松贊干布在帶兵圍攻松州，唐蕃互有勝負的情況下，吐蕃轉而向唐朝求親，爭取與唐朝建立友好關係。

松贊干布作為吐蕃王朝的一代英主，雄才大略，在統一

▲ 松贊干布與文成公主婚慶盛典圖（唐卡）

青藏高原的大部分地區的同時，努力擴大與周圍各國的經濟文化交往。他先派大臣噶爾‧東贊域宋（《唐書》記作祿東贊）到尼泊爾，迎娶尼泊爾國王鴦輸伐摩的女兒毗俱砥（藏文史籍記作尺尊公主）為妃。六四○年，他又派噶爾‧東贊域宋等人到長安（今西安），向唐朝求親。經過多方努力，唐太宗同意以宗室女文成公主嫁松贊干布，並派禮部尚書江夏王李道宗持節護送。六四一年文成公主入藏，《唐書》記載松贊干布親迎於河源，表現了吐蕃王朝對文成公主入藏的重視。河源迎親後，松贊干布因故先返回拉薩，文成公主在噶爾‧東贊域宋和唐朝龐大的送親隊伍的陪同下到達拉薩，受到盛大歡迎。尺尊公主和文成公主的入藏，增進了吐蕃和

▲ 文成公主塑像（布達拉宮藏）

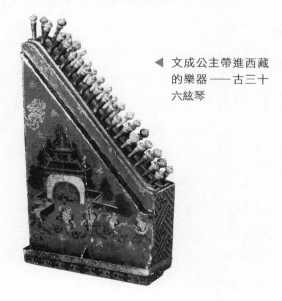

◀ 文成公主帶進西藏的樂器——古三十六絃琴

南亞及中原地區的政治、經濟和文化的交往，一些生產技術和工藝傳入吐蕃，並有醫藥和歷算等書籍傳入，促進了吐蕃經濟文化的發展。尺尊公主和文成公主都是佛教信徒，相傳文成公主還帶來了佛像和佛教僧人，兩位公主在拉薩興建的大昭寺和小昭寺，供奉文成公主從長安帶來的釋迦牟尼像，成為西藏最早興建的佛教寺廟。松贊干布還在拉薩紅山（布達拉山）修建規模宏大的宮室，顯現了吐蕃王朝時期發達的建築工藝。文成公主在吐蕃生活了將近四十年，於

▲ 釋迦牟尼佛塑像（文成公主從長安攜帶入藏，現供奉於拉薩大昭寺）

六八〇年去世，千餘年來藏族人民中流傳著許多讚頌她的故事。

在松贊干布在世時期，唐蕃之間建立了和平友好的關係，雙方使節來往逐年增加。六四五年唐太宗親征高麗後返回長安，松贊干布派噶爾‧東贊域宋到長安祝賀凱旋，並呈貢高七尺的黃金鑄鵝作為禮品。六四八年唐朝使臣王玄策奉命出使天竺（印度），適逢天竺發生戰亂，唐朝使臣被搶劫，王玄策逃到吐蕃，松贊干布派兵幫助，並徵兵於尼泊爾，由王玄策帶領前往天竺，平定了戰亂，使唐朝使團順利返回，並獻俘於長安。後來王玄策在唐高宗顯慶三年（658 年）又一次經過吐蕃出使天竺，至今在西藏吉隆縣還保存有題為《大唐天竺使出銘》的摩崖石刻（見索朗旺堆主編《吉隆縣文物誌》，西藏人民出版

社，1993），成為唐蕃這一段友好交往的歷史見證。六四九年夏天唐太宗去世，唐高宗即位，遣使入蕃告喪，並封松贊干布為駙馬都尉西海郡王，松贊干布派專使到長安弔祭，並上書表示對唐高宗即位的祝賀和支持。唐高宗又晉封松贊干布為「賓王」，還刻松贊干布石像立於唐太宗的昭陵之前，以示對吐蕃贊普的重視。

　　六五〇年松贊干布去世後，因其子貢松貢贊先死，由孫子芒倫芒贊繼位為贊普，由大臣噶爾・東贊域宋輔佐朝政。噶爾・東贊域宋繼承松贊干布的方針，完善法律，清查戶籍，確定稅賦，安定吐蕃內部。六六七年噶爾・東贊域宋死於吐谷渾地方，由他的幾個兒子總攬吐蕃內外朝政。六七六年芒倫芒贊去世，其遺腹子都松芒波結被立為贊普，噶爾・欽陵繼續掌政。由於噶爾氏家族長期專權，與其他貴族產生矛盾，同時也威脅到贊普王權的鞏固，都松芒波結長大後，於六九五年到六九八年對噶爾家族進行討伐，噶爾・欽陵在青海宗喀地方兵潰自殺。後來，其弟贊婆在唐朝受封為輔國大將軍歸德郡王，其子莽布支先封安國公，後以戰功晉封撥川郡王，其後裔世代在唐朝擔任官職。

　　都松芒波結剷除噶爾家族後，吐蕃王權得到加強和鞏固。七〇四年，都松芒波結在遠征雲南南詔時去世，其子赤德祖贊繼位，年僅一歲，尤其祖母沒廬氏赤瑪類聽政。這一時期唐朝處於女皇武則天的晚年統治時期。都松芒波結在世時，赤瑪類就曾為他向唐朝求親，其後又為赤德祖贊向唐朝求親。七〇五年武則天去世，唐中宗繼位，七〇七年唐中宗以其侄子李守禮的女兒為自己的養女，封金城公主，許嫁赤德祖贊。七一〇年唐中宗派專使和吐蕃的迎親使者一起護送金城公主入藏，唐中宗親率百官隆重送行到陝西始平縣，唐朝君臣還和吐蕃的迎親使者聯句和詩，歌頌唐蕃和好。唐朝還應吐蕃的請求，把黃河九曲之地賜給金城公主為湯沐邑。金城公主還帶了大批工匠、雜技藝人和佛教僧人等入藏，他們對吐蕃經濟文化的發展起到了重要的推動作用。七三一年赤德祖贊和金城公主遣使向唐朝請求《毛詩》《禮記》《左傳》等典籍，並要求定界互市。赤德祖贊在表文中說：「外甥是先皇帝舅宿親，又蒙降金城公主，遂和

同為一家，天下百姓，普皆安樂。」
七三三年唐蕃雙方在赤嶺（青海日
月山）立碑定界，商定於赤嶺、甘
松嶺互市，雙方邊將和官員參加，
並通告各地，雙方和好，禁止互相
搶掠。

　　不久，由於雙方統治階級都想
擴大自己的權勢，而且邊將也想從
戰爭中獲取功名，唐蕃之間發生戰
事。吐蕃北面與突騎施聯合，東南
與雲南的南詔聯合，七五一年南詔
王閣羅鳳投靠吐蕃，吐蕃封閣羅鳳
為「贊普鐘」（意為贊普弟），合兵
對唐朝造成嚴重威脅。唐蕃戰爭的

▲ 金城公主進藏圖（唐卡）

規模擴大，雙方在交界地區的戰爭相持不下，都出現了一批擁兵自雄的將領。
約在七五四年，擔任大論的末·東則布和朗·邁色等作亂，殺害贊普赤德祖
贊，到七五五年吐蕃王朝才平定叛亂，執殺為首的叛臣，抄沒其家產，流放其
親屬。年僅十三歲的赤松德贊繼位。就在這一年，唐蕃雙方的力量對比發生了
重大的變化。由於唐朝發生「安史之亂」，唐玄宗從長安逃到四川，唐朝抽調
大量對付吐蕃的軍隊去平亂，使得西面的防務空虛，吐蕃乘機占領了隴右、河
西、安西四鎮等唐朝的大片地區，並在七六三年十月，乘唐朝藩鎮割據、君臣
不和之機，集中約二十萬軍隊東進，直入長安，唐代宗倉皇出奔陝州。吐蕃軍
占領長安僅十五天，但還是立了金城公主的侄子（實際上與金城公主同輩）廣
武王李承宏為皇帝，並設置百官。由於不適應長安秋季的酷熱，吐蕃軍中疾病
流行，加上唐朝勤王之軍逼近，吐蕃軍自動退出長安。

　　吐蕃王朝的武力擴張，固然給各族人民帶來了巨大的痛苦和破壞，但是在

▲ 唐蕃會盟碑及碑文

另一方面，戰爭也極大地促進了民族之間的經濟文化交流。漢地出產的綢緞、茶葉等物品，逐漸成為藏族各階層人民的生活必需品，而吐蕃的畜產品和藥材等也大量流入漢族地區，吐蕃的服飾和工藝、馬球運動等也對唐朝產生過重要的影響。

吐蕃後期，佛教占有了重要地位。松贊干布時期已有佛像的傳入，但赤德祖贊時期在是否允許信仰佛教的問題上發生過尖銳的鬥爭。赤松德贊繼位後，清除反對佛教的大臣，從印度迎請寂護（希瓦措）和蓮花生大師，大規模地發展佛教。蓮花生以大乘佛教的菩薩降世和世間護法神的理論，將西藏原來信奉的山神、湖神、龍神等納入大乘佛教的神靈體系之中，創製了一整套的祭祀供奉儀軌，便於在吐蕃社會推行佛教。七六七至七七九年，赤松德贊修建了桑耶寺，並剃度「七試人」出家，使桑耶寺成為西藏第一座正規的佛教寺院，同時通過藏族貴族子弟出家為僧，建立了佛教在吐蕃發展的根基。從那以後，佛教

▲ 藏醫祖師宇托‧雲丹貢布塑像

在吐蕃發展很快，赤松德贊和他的兒子牟尼贊普、赤德松贊都不遺餘力地扶植佛教。佛教寺院和出家僧人的費用都由王室以臣民的稅賦供給，同時寺院和僧人也在王室的嚴格控制之下。為管理佛教，專門設置了教法官員。後來赤德松贊把自己幼年時的佛教老師娘‧定埃增委任為鉢闡卜，封給他土地和屬民，讓他掌管軍政大事，地位在所有大臣之上，被稱為「僧相」。八一五

▲ 王子微鬆（左）與允丹（唐卡）

年，赤德松讚的兒子赤祖德贊（熱巴巾）繼位後，進一步推行尊崇佛教的政策，修建了一批佛教寺院，增加出家僧人，大規模翻譯佛教經典。在他們父子在位期間，吐蕃的佛教取得了飛速的發展，現存的敦煌文書中大量精美的藏文佛經寫卷（數量僅次於漢文寫卷），就是吐蕃佛教的文化遺產。按

▲ 桑耶寺

照規定，由七戶百姓供養一個僧人，這樣就使佛教僧人成為社會上的一個特權階層。對佛教僧人稍微表露出一點不滿情緒的人就要受到嚴厲鎮壓,因此激化了僧俗之間以及僧侶統治集團之間的矛盾。八三八年，赤祖德贊被反對佛教的大臣暗殺，其兄朗達瑪被扶上王位。八四三年，朗達瑪下令禁止佛教，殺害僧人首領，強迫僧人還俗，關閉寺院，毀壞佛像、佛經，史稱「朗達瑪滅佛」。但是強力禁止佛教並沒有緩和社會矛盾，反而激起僧人的反抗，八四六年朗達瑪被僧人拉隆貝吉多傑射死。

朗達瑪死後，他的兩個兒子允丹和微鬆各有一派大臣支持，雙方為爭奪王位爆發了內戰，掌握軍權的將領也隨即發生混戰，長達二十多年。統治集團的混亂又在八六九年引起平民百姓的犯上之亂（或稱奴隸平民大起義），八七七年起義軍發掘贊普王陵，逐殺王室和貴族，吐蕃王朝徹底崩潰。

第三章

地方政教勢力
割據時期的西藏

吐蕃王朝崩潰後，從八六九年到一二三九年的三百七十年間，青藏高原上一直未能建立起統一的政權，所以史稱分治割據時期。在這期間，允丹及其後裔占據拉薩和桑耶地區，微鬆占據山南地區，雙方混戰不休。九〇五年微鬆在雅隆被臣下毒死，他的兒子貝考贊逃到後藏日喀則一帶，修建城堡，安置部屬。九二三年貝考贊在江孜又被平民起義軍殺死。其長子扎西孜巴貝占據江孜，次子吉德尼瑪袞逃到阿里普蘭，與當地貴族聯姻，他的三個兒子分據拉達克、普蘭、古格，後來建立起拉達克王朝和古格王朝。青海河湟地區的藏族首領在唐朝衰微後，從西域迎來一個贊普的後裔，奉為領袖，建立起唃廝囉政權。這些贊普後裔建立的地方政權，雖然都以吐蕃王朝的繼承者自居，也力圖恢復吐蕃王朝的統治，但是他們都無法克服王朝後裔衰落的頹勢，最後只能偏安於一隅，讓位於割據一方的新興的地方首領。

青藏高原的其他地方由各地方首領統治，他們有的是新興家族，有的是吐蕃王朝的貴族的後裔，成為一些互不統屬的封建割據領主。在吐蕃王朝崩潰和部落制度瓦解後一度出現過的自耕農和廣大農牧民，在長期的戰亂中，或者由於戰亂被俘虜，或者由於經濟破產欠下債務，或者由於尋求地方豪強保護依附於地方的政教首領，成為這些地方首領的依附民，在吐蕃王朝時代作為社會主要生產者的部落平民階層逐漸轉化為依附領主的農奴，封建農奴制度在西藏各個地方普遍建立起來。

分裂割據時期的另一個特點是佛教在西藏再次復興。歷史上，以九四九年盧梅在拉薩建立僧團作為藏傳佛教後弘期開始的標誌。朗達瑪滅佛時，逃到青海的僧人藏饒色、約格迥、瑪釋迦牟尼等三人居住在青海化隆縣的丹斗寺，於八九四年收了一個當地的弟子拉欽貢巴饒色，在給他授戒時因比丘人數不足，還請來了兩個漢族比丘參加。以後逐漸在河湟地區形成一個佛教中心。約在九三六年，桑耶寺地方首領意希堅贊（允丹六世孫）派遣盧梅・喜饒楚臣等衛藏十人到青海從拉欽貢巴饒色的弟子受戒，然後返回西藏傳法授徒，恢復和新建寺廟，形成許多僧團，史稱「下路弘法」。此後不久，古格王朝的小王首領意

希沃為恢復佛教，修建了幾座寺廟，還派了一些青年到印度去學習佛教，其中的大譯師仁欽桑布曾三次到印度學習，回來後住持托林寺，翻譯經典，傳法授徒，逐漸推廣佛教，史稱「上路弘法」。

在後弘期初期的一個世紀中，衛藏十人和他們的弟子在前後藏各地建立了許多僧團和寺廟，成為西藏佛教的主流，遺留至今的康瑪縣的艾旺寺和江浦寺（薩瑪達寺）、夏魯堅貢寺、扎囊寺的宗教藝術，反映了漢地和河西隴右地區的藝術對西藏的影響，成為西藏佛教藝術中的精品。古格王朝還在一〇四二年迎請印度高僧阿底峽（孟加拉國人）入藏傳法。一〇四五年，阿底峽又被前藏各地區的佛教人士代表仲敦巴（1004-1064）迎請到前藏地區傳法。一〇五四年，阿底峽在聶塘地方去世，由仲敦巴統領眾弟子，於一〇五六年在拉薩北面興建了熱振寺，由此逐漸發展出噶當派。在這個時期，有一個修習佛法的在家僧人素爾波且（1002-1062）建立鄔巴隆寺，整理吐蕃王朝時代翻譯的經典，以此為中心發展出寧瑪派。一〇七三年，款氏家族的官卻傑波建薩迦寺，發展出薩迦派。山南洛扎縣的瑪爾巴譯師曾多次到印度學習佛法和梵文，他的一個弟子米拉日巴以修行和傳法著名。米拉日巴的弟子塔波拉傑一一二一年建塔波寺，同年穹波南交建香巴寺，由此發展出塔波噶舉和香巴噶舉派。塔波噶舉中塔波拉傑的弟子都松欽巴一一四七年建昌都噶瑪寺，一一八七年建楚布寺，發展出噶瑪噶舉派；帕木竹巴一一八五年建丹薩替寺，發展出帕竹噶舉派；達瑪旺秋一一六〇年建拔絨寺，發展出拔絨噶舉派；尚蔡巴一一七五年建蔡巴寺，發展出蔡巴噶舉派。這四個派別被稱為塔波噶舉的四大支。帕竹噶舉派中，帕木竹巴的弟子止貢巴仁欽貝一一七九年建止貢寺，發展出止貢噶舉派；達隆塘巴扎西貝一一八〇年建達隆寺，由此發展出達隆噶舉派；林熱白瑪多吉（其弟子藏巴嘉熱 1193 年後建「主」寺和熱壟寺）傳出主巴噶舉派；格丹意希僧格（其弟子卻悶朗 1206 年建雅桑寺）傳出雅桑噶舉派；傑擦和袞丹兄弟建綽浦寺，發展出綽浦噶舉派；楚臣僧格一一八一年建修賽寺，發展出修賽噶舉派；意希孜巴建葉巴寺，發展出葉巴噶舉派；喜饒僧格傳出瑪倉噶舉派。這八個派

別被稱為塔波噶舉的八小支。實際上，主巴噶舉之中還有中主巴、上主巴、下主巴、南主巴之分，而南主巴的中心在今不丹王國。

後弘期西藏的佛教有幾個重要的特點：1、由於政治不統一，各地方勢力和佛教寺院相結合，又由於所重視的教法的不同和師承的不同，遂形成不同的教派，這是前弘期的西藏佛教所沒有的。2、一些寺院和教派領袖人物擁有土地和屬民，古格王朝把幾個谿卡賜給佛教高僧大譯師仁欽桑布，這是有關寺屬莊園的最早記載。創建薩迦派的款氏家族的莊園、屬民和寺院結合在一起，由款氏家族的男性世代掌握地方行政和宗教權力，這是形成政教合一的社會基礎。3、從吐蕃王朝時佛教強調對佛祖的崇拜演變為強調對本派祖師的崇拜，強調師傳，強調視師為佛，而仲敦巴、瑪爾巴、米拉日巴、薩欽·貢噶寧波等西藏祖師的出現，使佛教進一步本土化。4、後弘期的西藏佛教廣泛接受了印度大乘佛教晚期的密教內容，特別重視密教的修行儀軌和傳承，又由於阿底峽和喀且班欽的提倡，形成了各派的修道次第理論，兼有顯密經咒。在重視佛教經論之外，薩迦班智達等高僧又大力提倡五明之學，因明、聲明、歷算、工巧明、醫藥、音樂、詩歌、修辭等

▲ 寧瑪派佛塔(在扎囊縣)

▶ 仁欽桑布像──古格王
朝時期翻譯佛教經典的
著名譯師（唐卡）

學識和佛學結合在一起，使佛教深入到西藏社會生活的各個方面，既推動了西
藏文化的發展和繁榮，也使西藏文化打上了深刻的佛教烙印。

　　分治割據時期，西藏的對外交往，在宗教上先是河西、隴右和印度的僧人
入藏傳法，然後西藏一些教派的高僧又到青海、西夏等地去傳法，有的西藏高
僧還被西夏王朝封為帝師、國師。西夏王朝的經濟支持對西藏佛教的發展起到
了重要的作用。西藏在經濟上通過唃廝囉政權和西夏王朝與漢地保持連繫。宋
代的茶馬互市非常興盛，就是這種連繫的表現。

第四章

元代西藏

十二世紀末到十三世紀初，蒙古族在北方草原興起，一二〇六年成吉思汗在統一蒙古各部建立蒙古汗國後，走上了創建使中國各地區和各民族空前大統一的新王朝的道路。在這一歷史巨變過程中，廣大藏族地區也先後匯入統一的洪流。西藏地區也加入中國走向統一的這一歷史進程，這是藏族地區與中原地區、北方草原地區長期經濟、文化和政治交往帶來的必然結果。

　　在滅西夏及西征中亞的戰爭中，蒙古王室與藏族及藏傳佛教交往和接觸漸趨頻繁。一二一八年，成吉思汗在西征中亞時曾率兵進入喀什噶爾、于闐等地，還追擊逃敵直到印度西北，曾經打算通過阿里返回蒙古，走了一段後中途折回。當時可能有一支蒙古騎兵從葉爾羌南下進入到西藏西端的阿里（包括現今在境外的拉達克），占領了部分地區，設置過都元帥。一二三五年，蒙古首次分路出兵大舉進攻南宋，窩闊台命其子闊端負責指揮西路，由陝甘南下四川。闊端在進軍中，經過秦、隴一帶藏族地區，招降了一些藏族首領。為了鞏固對西夏故地和甘青藏族地區的統治，保障蒙古軍南下四川時的側翼安全，闊端決定對西藏採取軍事行動，把藏族地區納入蒙古汗國的統治。經過短期準備，約在一二三九年闊端派部將多達那波帶領一支蒙古軍隊，從甘、青藏區出發，前往西藏。由於西藏分散的教派和家族勢力無法組織有效的抵抗，蒙古軍很快就打到拉薩北面，控制了西藏主要地區，並設立驛站供應物資。接著，多達那波轉而尋求與藏傳佛教的主要領袖人物建立關係。他首先找的是前藏地區影響最大的止貢寺的京俄仁波且扎巴迥乃（1175-1255），請他到蒙古去會見闊端。雖然扎巴迥乃當時擔任止貢寺的住持，但是他並不完全屬於止貢噶舉派，而是屬於帕竹噶舉派，他出身於今西藏桑日縣境內帕木竹地方的朗拉色家族（亦稱朗氏），曾經擔任帕竹噶舉的主寺丹薩替寺的住持。扎巴迥乃雖然代表西藏僧俗首領向多達那波呈獻了西藏戶籍，表示歸附，但是對去蒙古卻故意推託，他向蒙古人推薦薩迦派的薩迦班智達，請他們邀請薩迦班智達，他還鼓動和資助薩迦班智達前去，促成了薩迦班智達前往涼州會見闊端。

　　薩迦班智達・貢噶堅贊（1182-1251）是薩迦五祖中的第四祖，幼年即跟

▶ 薩迦派第四祖師薩迦
班智達‧貢噶堅贊像

從伯父扎巴堅贊受戒出家，後又以一二○四年進藏的印度高僧喀且班欽釋迦室
利為師受比丘戒。他精通大小五明，著述很多，曾雲游烏思藏各地，有許多弟
子，對政教事務和講經傳法有豐富經驗，是當時西藏佛教人士中最著名的大師
之一，他主持的薩迦派是當時後藏地區實力最強的一派。在接到闊端的邀請信
後，他慨然應允前往涼州。在動身之前，他對薩迦派的事務作了仔細安排。為
了將薩迦派教主的職務按慣例順利地傳給其侄子八思巴，他決定把八思巴兄弟
帶在身邊，同去涼州。薩迦班智達一路上會晤了各地僧俗領袖，解釋他去蒙古
是為佛教及眾生的利益，是代表包括京俄仁波且扎巴迥乃在內的西藏地方的主
要僧俗首領，前去涼州與闊端會談和建立關係的。

薩迦班智達一行經過近兩年的跋涉，於一二四六年八月抵達涼州，並在一二四七年初與闊端會談，議定了西藏歸附蒙古汗國的辦法，主要是西藏各僧俗首領向蒙古降附納貢，承認是蒙古汗國的臣民，接受蒙古的統治，而蒙古則維持原來的各地僧俗首領的職權，並正式委任給相應的官職。薩迦班智達以佛教領袖的身分將這些條件轉達給西藏各個僧俗領袖，並規勸他們接受。薩迦班智達從涼州給在西藏的僧俗首領和親友弟子發出許多信件，向他們指出，為了佛教和藏族的長遠利益，應當放棄武力抵抗的打算，按照商定的條件歸順蒙古。這些信件中最著名的是《薩迦班智達貢噶堅贊致烏思藏善知識大德及諸施主的信》（亦譯《薩迦班智達致蕃人書》，全文收入《薩迦世系史》一書中）。

一二五一年底，薩迦班智達在涼州去世。臨終前他將自己的法螺和衣鉢傳給八思巴，並將眾弟子託付給八思巴，使八思巴成為薩迦派的第五任教主。八思巴此時僅十七歲，隨即開始了他的宗教和政治活動。一二五一年，蒙哥汗繼位為蒙古的大汗，為調整蒙古各宗王貴族的關係，進行新的分封，隨即下令在蒙古汗國統治下的各個地區進行擴戶，即清查戶口。這次範圍廣泛的擴戶，也包括藏族地區在內。在派人進藏清查戶口後，蒙哥汗將西藏分封給自己的兄弟，蒙哥汗得到前藏的止貢和後藏的藏郭莫（即後來的曲彌萬戶），忽必烈得到前藏的蔡巴，旭烈兀得到前藏的帕竹、雅桑和湯卜赤，阿里不哥得到前藏的達隆巴，闊端一系保留了薩迦作為封地。這些蒙古王子在西藏得到封地，又與該封地內的主要教派連繫，把其宗教首領奉為自己的上師，還把地方首領委任為自己的官吏。止貢、帕竹、蔡巴萬戶就是在這個時期建立起來的。

一二五二年六月，忽必烈奉蒙哥之命，從甘肅進攻四川，駐兵於六盤山。因四川南宋軍民堅壁清野，依山險抵抗，蒙古軍進展困難，於是忽必烈向蒙哥奏請，以蒙古騎兵繞道藏族地區，攻取雲南大理，對南宋採取大迂迴大包抄的戰略。蒙古軍的這一戰略，在軍事史上是沒有先例的，要穿過數千里人煙稀少的藏族游牧地區，在沒有後勤保障的情況下，就需要依靠已經和蒙古建立起關係的藏族首領的支持和幫助。當時因薩迦班智達已經去世，八思巴應召到六盤

山會見忽必烈，雙方建立了密切的關係，在一二五三年新年之際，八思巴給忽必烈傳授了薩迦派的喜金剛灌頂。據《薩迦世系史》，忽必烈接受灌頂時，還賜給八思巴羊脂玉製成的印章以及鑲嵌珍珠的袈裟、法衣、傘蓋、金鞍、乘馬等。通過這種關係，八思巴成為忽必烈在宗教方面的參謀和助手，並跟隨忽必烈到開平府居住。噶瑪拔希到忽必烈的營帳比較晚，忽必烈要求他長期留在自己身邊。但是噶瑪拔希沒有答應，而是辭別忽必烈到涼州、甘州一帶傳教，此時蒙哥汗得知他的行蹤，幾次遣使前來迎請，噶瑪拔希接受邀請，於一二五六年到達在漠北的昔剌兀魯朵的蒙哥汗的營地。他向蒙哥汗和阿里不哥傳授佛法，受到封賞。據說，蒙哥汗還賜給他一頂黑色僧帽，因此其轉世系統被稱為

▲ 薩迦派第五祖師八思巴・洛追堅贊玉雕像

▲ 元朝皇帝所賜帝師之印

▲ 帝師印文為八思巴文：「大元帝師統領諸國僧尼中興釋教」

噶瑪噶舉黑帽系。忽必烈即位後，噶瑪拔希一度因為有支持阿里不哥與忽必烈爭奪皇位的嫌疑而被關進監獄，不久忽必烈又准其回藏。在元代西藏的十三萬戶中，噶瑪噶舉派沒有自己掌握的萬戶府，但是其宗教影響卻一直很大。黑帽系三世活佛攘迴多吉（1284-1339）曾兩次受元朝皇帝的召請到大都傳法，元順帝曾封他為「圓通諸法性空佛噶瑪巴」「灌頂國師」，並賜給玉印、封誥等。黑帽系四世活佛乳必多吉（1340-1383）也很有名。一三五六年，元順帝傳旨命他進京，他於一三五八年從楚布寺出發，一三六〇年到達大都，在元順帝宮廷中生活了四年，被封為「大元國師」，賜玉印，一三六三年他離開大都回藏。他的侍從人員中還有被封為國公、司徒的，都被賜予印信、封誥。

　　一二五九年，在率兵攻打南宋時蒙哥汗在四川軍中去世。一二六〇年三月，忽必烈在一批王公大臣的擁戴下，在開平宣布即位為大汗。同年五月，阿里不哥也糾集一批宗親貴族，在阿勒台住夏之所宣布即大汗位。雙方隨即展開一場激烈的爭奪汗位的戰爭。一二六四年七月，阿里不哥一方戰敗，被迫歸降

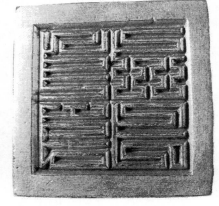

▲ 元帝封恰那多吉「白蘭王」印及印文

忽必烈。忽必烈坐穩大汗寶座後，為擺脫蒙古貴族中守舊勢力的牽制，放手變通祖制，參用漢法，吸收漢地歷代王朝的經驗，建立新王朝的統治體制。可以說，忽必烈即位標誌著蒙古汗國轉變為中國的新王朝——元朝。還在一二六〇年底，忽必烈就封八思巴為國師，賜給玉印，命他總管全國的佛教事務。一二六四年，忽必烈又派八思巴和他的弟弟恰那多吉從大都動身返回西藏，並賜給八思巴一份《珍珠詔書》，並封恰那多吉為白蘭王，賜給金印。對他們兄弟的這種封賜，顯然與委託他們去辦理藏族地區的行政管理事務有關。就在這個時期，忽必烈在中央政府中設立總制院（1288 年改名為宣政院），作為掌管全國佛教事務和藏族地區行政事務的中央機構，並命國師八思巴領總制院事，國師之下設總制院使掌管日常事務，院使之下還有同知、副使、僉院等官員。宣政院的院使初設時為兩員，後增減不一，最少時為一員，多時至六員、十員。《元史·釋老傳》說：「其為使位居第二者，必以僧為之，出帝師所辟舉。」《百官志》說：「其用人則自為選，其為選則軍民通攝，僧俗並用。」可見宣政院自己有一定的人事權，其官員中有僧人，也有俗人，有蒙古貴族，也有藏族人，擔任過宣政院院使的最著名的藏族人是忽必烈的丞相桑哥。宣政院使作為朝廷重要官員，是由皇帝直接任命的。這就確定了八思巴建立的西藏行政體制從一開始就與元朝中央行政體制相連繫，是元朝行政體制的一部分。八思巴的領天下釋教特別是統領藏傳佛教各派寺院和僧人，又同時領總制院事的這種身分，標誌著忽必烈和八思巴對西藏行政體制的設想是政教結合、僧俗並用的一種行政體制。元朝在藏族地區設置的各級機構的高級官員，由帝師或宣政院舉薦，上報皇帝批准，授與金牌、銀牌、印章、宣敕。從藏漢文史料看，藏族世襲貴族和佛教僧人任職的，多由帝師舉薦；宣慰使、都元帥、達魯花赤等官職，多由宣政院舉薦。宣政院還要管理西藏地方的法律執行情況，派員進藏清查戶籍，審理萬戶之間的糾紛，覆核案件。另外，宣政院還要配合樞密院負責元朝在藏族地區的軍事行動。

　　一二六五年八思巴返回西藏後，依照西藏各個地方政教勢力管轄範圍的大

▲ 八思巴文的「樞密院印」

小，將他們劃分為千戶和萬戶，委任各政教首領擔任千戶長和萬戶長，歸屬元朝扶植的薩迦地方政權管理。這個政權的最高首領即是八思巴，一二六九年八思巴返回大都，進獻他遵照忽必烈的詔命創製的蒙古新字，忽必烈晉封他為帝師，以後元朝朝廷中始終設置有帝師一職，多數情況下由薩迦款氏家族的成員擔任，在款氏家族無人擔任時，則由薩迦派的高僧擔任。薩迦政權的領袖在八思巴以後是歷任帝師。當帝師住在大都時，薩迦政權即由薩迦寺的住持即通常所說的薩迦法王負責。由於帝師和薩迦法王都是出家僧人，又設薩迦本欽一職，在帝師和薩迦法王之下負責具體的行政事務，薩迦政權直接管轄有約一個萬戶的屬民，故又專設一個朗欽來管理。八思巴還仿照蒙古宗王的怯薛組織（掌管宿衛的侍從機構）為自己設立拉章組織，由一批侍從官員組成，後來拉章制度為許多宗教首領效仿，成為藏族地區掌管一方政教權力的宗教領袖必須的侍從組織。各個萬戶和千戶中，有的萬戶長和千戶長還直接到大都朝見，得到元朝皇帝的封授。藏文史籍習慣上說元代西藏劃分為十三個萬戶，實際上各個萬戶的設置以及他們和薩迦的關係前後有過一些變化，十三萬戶只是一個概略的說法。

約在一二八〇年，元朝在西藏地區設置了烏思藏宣慰司。一二九二年平定止貢派反對薩迦派的戰亂後，忽必烈依宣政院的建議，又把烏思藏宣慰司與納裡速都元帥轄區合起來，設置烏思藏納裡速古魯孫等三路宣慰使司都元帥府。烏思藏納裡速古魯孫等三路宣慰使司都元帥府的官員，除了從地方僧俗領主中委任的萬戶、千戶之外，見於《元史·百官志》記載的有：宣慰使五員，同知二員，副使一員，經歷一員，鎮撫一員，捕盜司官一員。此外，附屬於宣慰使

司都元帥府的有：納裡速古兒孫元帥二員，烏思藏管蒙古軍都元帥二員，烏思藏處轉運一員，擔裡管軍招討使一員，擔裡脫脫禾孫一員。他們主要的職責是傳宣政令、管理驛站和元朝在西藏的駐軍。從藏文史料看，有一些薩迦本欽曾經在元朝中央的宣政院擔任官職，然後回西藏擔任薩迦本欽，有的薩迦本欽還同時兼任烏思藏宣慰使的職務。例如，薩迦本欽甲哇桑布曾經為帝師貢噶堅贊掌文書，作為貢噶堅讚的侍從到朝廷，先被任命為宣政院的官員，後來又被任命為烏思藏本欽，返回西藏，娶妻生子。後來，他又再次到朝廷，多次擔任宣政院的長官，得到過封文詔命，前後在朝廷住了十八年。後來，他又回到薩迦，再次擔任薩迦本欽。大司徒絳曲堅贊說：「他是官至一品的官員，他是榮祿大夫，三任院使，要撤職或處死，只有皇帝才有權。」元朝還幾次派遣官員

▲ 元寶交鈔正（左）背面

入藏，在薩迦本欽的配合下，清查西藏各地的戶口，確定各個萬戶的貢賦，並且建立驛站以及保證驛站交通的烏拉差役制度。在此基礎上，元朝在西藏屯駐軍隊，設立各級官府，保證它對西藏的統治和政令的推行。

在元朝扶植下掌握西藏地方權力的薩迦款氏家族，在八思巴去世後不久，就出現內部的權力鬥爭。八思巴的侄子達瑪巴拉繼任帝師後，宣稱他的叔伯兄弟達尼欽波桑波貝不是真正的薩迦款氏家族血統，由忽必烈將其流放到江南杭州。達瑪巴拉去世後，薩迦款氏家族沒有男性繼承人，元成宗把達尼欽波桑波貝接回，承認他是款氏家族成員，命他多娶妻生子，因此達尼欽波桑波貝有七個妻子，十二個兒子。一三二二年，達尼欽波桑波貝去世後，家族內部矛盾又有發展。一三二五年，在達尼欽波桑波貝的兒子、帝師貢噶洛追堅讚的主持下，將他眾多的異母弟兄們劃分成了細脫、拉康、仁欽崗和都卻四個拉章系統，把薩迦款氏家族從元朝得到的權勢和封爵分配給了他四個庶母的兒子們。細脫拉章得到了薩迦寺的法座，拉康拉章得到了帝師的職位，仁欽崗拉章與細脫拉章分享薩迦法座的繼承權。都卻拉章得到的是白蘭王的封爵。在薩迦寺總的法座之下，各個拉章又有自己的座主，父子相承。在經濟上，各個拉章擁有各自管轄的屬民、莊園和城堡。薩迦派儘管與往昔一樣得到元朝的大力支持，各個拉章也都有顯赫的官職，並凌駕於烏思藏十三萬戶之上，但在後來遭到帕竹萬戶強有力的挑戰時，內部分裂、鬆散的弱點均暴露無遺，造成薩迦派的權勢迅速瓦解。

正當薩迦地方政權危機四伏、內部紛爭不休之時，在山南雅隆河谷，帕竹萬戶正在朗氏家族絳曲堅讚（1302－1364）的領導下不斷積蓄勢力，悄然興起。絳曲堅讚少年時曾被送到薩迦去當達尼欽波桑波貝的隨從，學習佛教，同時也學習管理行政事務的知識，這是當時西藏各個萬戶的貴族首領和薩迦保持關係的一種習慣作法。一三二二年，絳曲堅讚出任萬戶長後，整頓吏治，發展經濟，並訓練出一支戰鬥力較強的軍隊。絳曲堅讚認為，以前旭烈兀的封地範圍都是帕竹萬戶的領地，至少是忽必烈及宣政院歷次頒發文告聖旨中規定的領

▶ 一三○四年，元朝帝師
仁欽堅贊頒給薩迦派僧
人保護寺廟的法旨

地，凡是在前幾任萬戶長時丟失給其他萬戶的，都應該收回。他的這一想法不僅符合元朝的法度，也符合復興的帕竹大小領主及屬民的願望。經過十幾年的努力，絳曲堅贊終於打敗了和帕竹有領地爭端的鄰居雅桑萬戶，收回了失地。薩迦不願意帕竹萬戶過分強大，以調解糾紛的名義來壓制帕竹，幾次想以合法的名義撤換絳曲堅贊，都因絳曲堅讚的抵制而失敗。一三四六年，薩迦本欽甲哇桑布糾集同樣不願帕竹強大的蔡巴萬戶和羊卓萬戶的軍隊，兵臨乃東城下。絳曲堅贊和雅桑萬戶長在本欽面前訴訟時，絳曲堅贊被逮捕，本欽逼迫帕竹交

出乃東城堡，由於絳曲堅贊事先作了安排，本欽未能占領乃東，只好將絳曲堅贊押解到後藏。正在這個關鍵時刻，薩迦發生內爭，甲哇桑布被撤職，絳曲堅贊被放回乃東。一三四八年八月，薩迦本欽旺尊調集蔡巴、羊卓等萬戶聯軍再次進攻帕竹，由於薩迦臨陣易帥、指揮失利及內部不和，屢屢敗陣，帕竹軍占領了雅桑大部，迫使蔡巴萬戶割地求和。一三五〇年，絳曲堅贊派遣使者進京奏報，元順帝承認了絳曲堅讚的既得權力和地位，賜給帕竹萬戶長銀印兩枚。一三五三年，帕竹再次打敗薩迦糾集的蔡巴、止貢等萬戶的軍隊，並利用薩迦的內部矛盾，與甲哇桑布結盟，反攻到薩迦，占領了薩迦寺和烏思藏的大部分地區，取代了薩迦派在西藏的統治地位。一三五八年，絳曲堅贊正式從薩迦派手中收繳了薩迦本欽的大印，按元朝皇帝的聖旨，經辦帝師索南洛追赴京就職事宜。一三六〇年，絳曲堅贊再次派遣喜饒扎西等人進京，請求元朝皇帝的加封。元順帝賜給絳曲堅贊虎紐印章和封詔，封號為「司徒」，規定貢噶、仁蚌等前後藏地區為絳曲堅讚的轄地，冊封絳曲堅讚的部下釋迦仁欽為曲彌萬戶長。在乃東城堡當著蒙古都元帥和烏思藏宣慰司官員的面，舉行了宣讀封詔的盛大儀式。接著按帕竹派的舊規，又在帕竹噶舉派的主寺丹薩替寺舉行了隆重的絳曲堅贊啟用新虎紐印章（相當於原薩迦本欽的印章）的儀式，這標誌著帕竹地方政權取代薩迦地方政權的過程正式完成。

在元代，由於國家統一，西藏社會比較穩定，經濟有了較大的發展，西藏的科技文化事業也成果迭出，成為西藏歷史上科技文化最為繁榮的時期之一。由於元代佛學的發展，各種譯經、註疏、著述學風的形成，帶動了其他諸如歷算、醫學、天文、藝術、文學、歷史等各個學科領域學術活動的開展，對後世的科技文化產生了不小的影響。元朝時期，薩迦地方政權也十分注重文化建設，八思巴往來於薩迦和大都之時，注意收集各種古籍經典。與此同時，印度、克什米爾、尼泊爾等地的僧人前往西藏或薩迦講經說法，也帶來不少佛經典籍。八思巴每得到一種新的圖書，總要命人抄寫、譯校，保存在薩迦。一些重要的佛經，往往還要用黃金、寶石研成粉末和汁液書寫，以期長久保存。薩

迦南、北兩寺當時都有數量眾多的藏書，僅薩迦南寺的藏經牆，保存至今的藏文佛教典籍多達六萬多函，另外還有一批曠古稀世的貝葉經（梵文文獻），以其抄寫精美、規格宏大而著稱於世。在元代，已經有木刻藏文典籍問世，在西藏還編纂和繕寫過好幾部大藏經，最負盛名的莫過於納塘本大藏經和布頓及蔡巴·貢噶多吉分別編纂的《丹珠爾》和《甘珠爾》目錄，對後世的大藏經木刻版的編纂和刊印都產生了重要的影響。薩迦派的譯師雄敦·多吉堅贊等人從一二六〇年開始到一二八六年的二十多年中，在八思巴等薩迦派首領的支持下，將古印度學者旦志所著的講述修辭學理論的著作《詩鏡論》譯成藏文，並進行了修訂，這在藏族文學史上具有重要意義。《詩鏡論》經過藏族文人的消化吸收後，在藏族文學中逐漸形成了一種嶄新的文學創作流派——詩鏡論流派。音樂、美術在元代時期也有了新的發展。音樂領域內的重大成果首推薩迦班智達·貢噶堅讚的名著《樂論》。美術在元代也獲得了巨大的成就。集建築、雕塑和繪畫三種藝術形式為一體的薩迦寺和夏魯寺就是其中最為傑出的代表。據考證，薩迦南寺大經堂的八思巴朝見忽必烈和密集金剛等密宗內容壁畫和羅朗拉

▲ 這幅薩迦寺大型壁畫生動地記述了八思巴覲見元世祖忽必烈的情景。

康中的呼金剛壁畫殘片為元代時期作品。這些作品精美細膩，體現出中亞和元代中原藝術影響的痕跡。薩迦寺壁畫中最為著名的為壇城壁畫。據記載，本欽・阿迦侖扎西在任時期，曾在大殿頂層一共繪製了六百三十九幅壇城壁畫。這些壁畫影響到夏魯、納塘、江塔和明代白居寺等寺院壇城壁畫的製作。夏魯寺在元代前後歷經三次不同規模的修繕和擴建，最後定型於古相・貢噶頓珠

▲ 薩迦南寺大經堂經庫

和布頓大師時期，系元朝宮廷式藝術影響下的藏傳佛教寺院建築，吸收了內地的歇山琉璃式樣和元官式結構，為典型的藏漢合璧式建築。在史學方面，也湧現出一批受歷代學者們推崇的重要歷史著作。一批以「伏藏」形式出現，據稱創作於吐蕃王朝時期的史籍，如《松贊干布遺教》《蓮花生大師傳》《娘氏教法史》等，在元代得到廣泛的流傳。由薩迦款氏家族傳人索南堅贊撰著的《西藏王統記》（一譯《王統世系明鑒》）、由蔡巴・貢噶多吉撰著的《紅史》和布頓・仁欽朱著述的《布頓佛教史》都是這一時期具有重大歷史價值的史書，他們都在書中使用了由在河州的藏傳佛教高僧和漢族學人共同翻譯的漢文史籍《新唐書・吐蕃傳》的資料，吸收了部分漢文史書的編寫方法和體例。這種藏漢史學的交流，對明清的藏文史學著述產生了不小影響。

由於西藏被正式納入元朝版圖，元朝對西藏的具體施政以及西藏和祖國內地間官員、僧人、商賈的相互來往，進一步推動了西藏和內地政治、經濟、文化和科技的全面交流發展，共同促進和繁榮包括藏族、蒙古族在內的統一的多元的中華民族文化。元代內地的建築技術、造船技術、陶瓷工藝、雕版印刷技

▲ 八思巴文鐵質金字牌　　　　　　　▲ 元朝「薩」字龍紐玉印

術及各種器材等相繼傳入西藏，對藏族的科技文化和經濟的發展起到了重大的推動作用。與此同時，藏傳佛教及其文化藝術也先後傳入中原內地，對中原內地的文化藝術也產生了重要的影響。從忽必烈時期開始，元朝的詔旨、公文、印章、牌符、碑刻、錢幣上八思巴創製的蒙古新字（即八思巴字）得到了廣泛的推行和使用。此外，元朝還用八思巴字刻版印行過《蒙古字孝經》《大學衍義擇文》《忠經》《蒙古字百家姓》《蒙古字訓》和蒙文譯本《薩迦格言》等書籍。在推行政令、傳播文化等方面起到了重要作用。在元代，北京和杭州形成了兩個藏傳佛教藝術創作中心。藏傳佛教藝術伴隨著藏傳佛教在內地的傳播而被介紹到內地，包括佛塔、佛寺的興建和金屬、石刻和木刻造像等許多重要文物遺留下來，如北京妙應寺白塔、居庸關雲台、杭州飛來峰密教石刻等。

第五章

明代西藏

一三六八年，朱元璋在南京稱帝，明朝建立。當年明軍北伐，元順帝逃離北京。一三七〇年，明軍西進攻取洮、岷等州，並進克元朝的吐蕃等處宣慰使司都元帥府（脫思麻宣慰司）的治所河州。與此同時，明軍另一路攻下元順帝所據的應昌府，兩年後元順帝在漠北病死。一三七〇年，河州地區的故元吐蕃宣慰使何鎖南普降明，明太祖派人深入烏思藏地區招撫政教首領。一三七二年，薩迦派的前帝師喃加巴藏卜等歸降明朝，並帶領六十多人赴南京朝見了明太祖。喃加巴藏卜被明太祖封為「熾盛佛寶國師」，他還先後兩次向明朝舉薦故元的藏族舊官百餘人，他們都受到明朝的封賞。當時控制烏思藏大部分地區的帕竹政權的第悉（帕竹政權首領的稱號）是大司徒絳曲堅讚的侄子釋迦堅贊（即《明太祖實錄》所記的「故元灌頂國師章陽沙加」），元朝曾封他為灌頂國師。明太祖下詔仍封給他灌頂國師之號，並遣使賜玉印及綵緞等。釋迦堅贊就在一三七三年正月遣使入朝，進貢佛像、佛書、舍利等。

之後，明太祖對藏族地區的管理機構進行了一些調整和補充。一三七四年七月，明朝設西安行都指揮使司於河州，升河州衛指揮使韋正為都指揮使，總轄河州、朵甘、烏思藏三衛。後來又升朵甘、烏思藏二衛為行都指揮使司。當年十二月，熾盛佛寶國師喃加巴藏卜及朵甘行都指揮同知鎖南兀即兒等遣使來朝，又奏舉土官賞竺監藏等五十六人。明太祖遂設朵甘宣慰司一、招討司六、萬戶府四、千戶所十七，以賞竺監藏等分別為指揮同知、宣慰司使、招討司官、萬戶、千戶等，並派員外郎許允德攜詔書及誥、印前往賜之。

明朝在確定藏族地區的都指揮使司、衛、所的行政體制後，陸續委任了不少藏族首領擔任都指揮使司和衛所的官職。明代歷朝實錄和一些藏文史料中不乏這類記載。例如，《明太祖實錄》記載，洪武十二年（1379）二月丙寅，「烏思藏指揮同知監藏巴藏卜、宣慰司官朵兒只令真、前都元帥索南藏卜、賞巴前司徒羅古監藏、仰思多萬戶公哥帕遣鎮撫汝奴藏卜、僧哈麻剌來朝，貢兜羅帽、鐵驪綿等物」。這裡提到的賞巴前司徒羅古監藏，是襄南木林地區的達那宗巴家族的羅追堅贊，他是薩迦本欽甲哇桑布的第三子，曾被元朝封為司徒。

他在任襄南木林的首領時，興建了同曼大城堡。仰思多萬戶公哥帕，即是江孜王家族的首領貢噶帕，是江孜白居寺創建者熱丹貢桑帕巴的父親。「仰思多」即「年多」，指年楚河上游地區，為江孜地區的異稱。貢噶帕曾任薩迦朗欽，是江孜宗城堡的興建者。江孜在元代並不是一個萬戶，這裡稱他為仰思多萬戶，顯然是明朝封給他的官職。《明太祖實錄》又載，洪武十八年（1385）正月丙寅，「以西番班竹兒為烏思藏都指揮使」。這裡的班竹兒應是蔡巴家族的班覺桑布，他是著名的《紅史》的作者貢噶多吉的長孫。《西藏王臣記》稱他為「指揮班覺桑布」。同月壬午，「以烏思藏俺不羅衛指揮使古魯監藏為烏思藏衛俺不羅行都指揮使司指揮僉事」。這裡是說古魯監藏的官職從衛指揮使提升為都指揮使司指揮僉事，這兩個官職都是正三品。明朝在藏族地區封授的指揮使、都指揮使僉事、千戶、百戶等官職都准予世襲，但是重要官職的襲職則要經過皇帝的批准，並換發敕書和印信。

到永樂皇帝時，明朝對西藏掌管一方、具有一定實力的高僧的分封也日益增多，其中地位最高、最為著名的有闡化王、護教王、贊善王、輔教王、闡教

▲ 明朝皇帝封帕木竹巴為「灌頂國師闡化王」的敕文

王等五個王。在明代，在漢族地區只有皇帝的親屬朱姓男子才有可能被封為王，他們分散在全國各地，被稱為「藩王」，享受豐厚的物質待遇，但是一般不參與地方和國家的行政事務。其他的功臣即使功勞再大，最多也只能封為侯爵。對少數民族的政治首領，在他們表示臣服明朝的條件下，可以被封為王，例如塞北的蒙古各部的首領，有一些人擁有強大的政治軍事力量，曾受封王號。而明朝在藏族地區所封的王則與他們有所不同，這些王是掌管一方的地方首領，但是他們又往往具有佛教僧人的身分。因此，他們的繼承關係有的是師徒相傳，有的是叔侄繼承，也有的是父子傳承。因此，可以說他們的地位是在世俗的王和明朝所封佛教首領的法王之間，既有掌管一方地區行政的世俗的王的成分，也有與宗教的法王相類似的成分。

永樂四年（1406 年）三月壬辰，明成祖派遣使者齎詔封烏思藏帕木竹巴吉剌思巴監藏巴裡藏卜（扎巴堅贊）為灌頂國師闡化王，賜螭紐玉印、誥命，乃賜白金五百兩、綺衣三襲、錦綺五十匹、彩絹百匹、茶二百斤。此後帕竹政權的歷任第悉，都擁有闡化王的封號。永樂四年（1406），明成祖令智光和尚出使烏思藏，靈藏僧人著思巴兒監藏遣使隨智光來朝，被封為灌頂國師，第二年又被封為贊善王，並賜金印、誥命。贊善王的轄地在今天昌都江達和四川德格一帶。永樂四年（1406 年），館覺地方的政教首領宗巴斡即南哥巴藏卜遣使入貢，被永樂皇帝封為灌頂國師，並賜以誥命。第二年（1407 年），宗巴斡即南哥巴藏卜派遣使者入朝謝封，又被明成祖封為護教王，並賜金印、誥命，仍享有國師稱號。館覺地方即是今天昌都地區的貢覺縣。永樂十一年（1413年），明成祖封思達藏地方（在今天的西藏日喀則地區吉隆縣境內）薩迦派首領南渴烈思巴（按《薩迦世系史》，他是款氏家族成員，全名為南喀勒貝洛追堅贊貝桑布）為輔教王，並賜誥印、彩幣。此後貢使雙方往來不絕，楊三保、侯顯都曾被派往頒賜，而輔教王轄下的許多僧人也都前來朝貢，有的還留在北京任職。景泰七年（1456 年），南渴烈思巴派遣使者來朝貢，上陳自已年老，請求以其子喃葛堅粲巴藏卜代替，得到皇帝允許，賜以誥印、金冊、彩幣、袈

裟、法器等。永樂四年（1406年），止貢地方的止貢噶舉首領鎖南藏卜派使者朝貢，成祖封鎖南藏卜為灌頂國師，賜予衣服、錢幣等優厚的賞賜。永樂十一年（1413年），成祖又加封他為灌頂慈慧淨戒大國師，並封其僧人領真巴兒吉監藏為闡教王，賜以印誥、彩幣，命其管理止貢地方。

▲ 明帝所賜「灌頂國師闡化王」之印

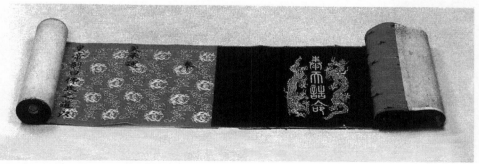

▲ 明帝封南渴烈思巴為輔教王之敕書

明朝除在藏族地區設置衛所，委任藏族僧俗首領外，還利用藏傳佛教在藏族地區的深遠影響，大力封授各派宗教首領，推行僧綱制度，通過宗教加強明朝對廣大藏區的統治。在明朝對這些藏傳佛教的宗教首領人士的封授中，以永樂年間封噶瑪噶舉派黑帽系活佛為大寶法王、封薩迦派首領為大乘法王、封格魯派高僧釋迦也失為西天佛子（宣德年間加封為大慈法王）最為重要，其次是封藏傳佛教的高僧為大國師、國師及禪師等。

一三七四年，元朝攝帝師喃加巴藏卜向明太祖舉薦元故官六十餘人時，可能也包括噶瑪巴·乳必多吉在內，明太祖封他為灌頂國師。一三八三年噶瑪巴·乳必多吉去世，其轉世為五世噶瑪巴得銀協巴（1384-1415），本名卻貝桑布，西藏娘布地方人，四歲開始跟從噶瑪噶舉派紅帽系二世活佛喀覺旺波學佛，被認定為乳必多吉的轉世。他十八歲時受到康區館覺地方首領幹即南哥的尊奉和供養，在康區一帶巡遊傳法，很有名聲。永樂皇帝在他正式即位的一四〇三年「遣司禮監少監侯顯齎書、幣往烏思藏，征尚師哈立麻。蓋上在藩邸時，素聞其道行卓異，至是遣人征之」。噶瑪巴得知消息後，於一四〇六年從楚布寺出發。當年七月，噶瑪巴在康區噶瑪寺見到了侯顯等使者，領受詔書並

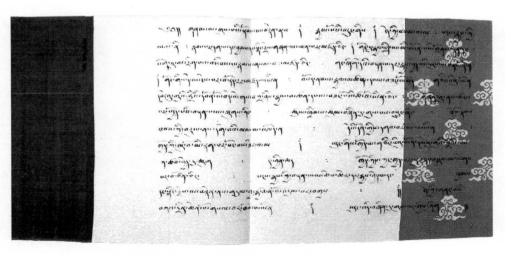

▲ 明朝皇帝允准喃葛堅粲巴藏卜承襲淨修圓妙國師封號的詔書

隨侯顯等人一道前往南京。
他們經青海一路，於十一月
抵河州。然後經陝西、河
南、安徽，乘船入長江，於
一四○七年藏曆正月抵達南
京，駐錫靈谷寺。噶瑪巴除
了率領僧眾在靈谷寺（今南
京市中山陵東面）設十二壇
城為明太祖夫婦作超度法事
十四天外，還在皇宮中設壇
為明成祖傳授無量灌頂，講
經，譯經。永樂五年（1407
年）三月，明成祖封得銀協
巴為「萬行具足十方最勝圓
覺妙智慈善普應佑國演教如
來大寶法王西天大善自在
佛」，命他領天下釋教，賜
印、誥及金、銀、鈔、彩

▲ 明帝封賜的「噶瑪巴」印及印文

幣、織金珠袈裟、金銀器皿、鞍馬。同元世祖忽必烈賜給八思巴的封號「皇天
之下一人之上宣文輔治大聖至德普覺真智佑國如意大寶法王西天佛子大元帝
師」相比，明成祖給噶瑪巴的封號中，「大寶法王」是沿用了元朝的內容，「西
天大善自在佛」則比「西天佛子」更提高了一步，但是「大元帝師」及「皇天
之下一人之上宣文輔治」等表示八思巴為皇帝之師及參政的內容則被除去。這
說明明成祖在沿襲元制上有所取捨，封噶瑪巴・卻貝桑布為「大寶法王」，主
要是強調噶瑪巴的宗教領袖地位。因此，噶瑪巴・卻貝桑布雖然有與元朝帝師
相同的「大寶法王」封號，但是並不具有元代帝師的掌管宣政院和藏族地區行

政事務的權力。在受封大寶法王的封號中，有「如來」二字，藏語對應詞為「得銀協巴」，從此得銀協巴成為噶瑪巴黑帽系五世活佛的常用名字，其原名卻貝桑布反而不太通用。自從得銀協巴受封大寶法王名號之後，此號遂為噶瑪噶舉的黑帽系歷輩轉世活佛所承襲，並按期遣使進貢。明成祖還另封其徒孛隆逋瓦·桑兒加領真為灌頂圓修淨慧大國師、高日瓦·領禪伯為灌頂通悟弘濟大國師、果欒·羅葛羅監藏巴裡藏卜為灌頂弘智淨戒大國師，並設盛宴於華蓋殿，宴請噶瑪巴師徒，以示慶祝。噶瑪巴得銀協巴在南京、五台山等地停留一年多，於永樂六年（1408年）四月辭歸，明成祖賜他白金、彩幣、佛像等物，派中官護送。得銀協巴回到拉薩和楚布寺後，向大昭寺的覺臥佛像獻了無比珍貴的珍珠袈裟，並給前後藏各教派有五名僧人以上的寺院熬茶布施，拉薩地區的領主內鄔巴把拉薩布達拉山上的廟宇供獻給他作為駐錫之地。他給闡化王扎巴堅贊等人講經說法。可是不久以後，得銀協巴在藏曆木羊年（1415年）八月十五日因突然患重病而去世。得銀協巴去世後，楚布寺在工布地方找到他的轉世靈童，永樂皇帝命奉旨進藏的高僧班丹扎西專門到工布去查看靈童。在得到明朝皇帝批准後，黑帽系第六世活佛通哇敦丹（1416-1453）繼承了大寶法王的封號，從一四二六年到一四五〇年的二十多年中，他先後八次遣使向明朝進貢，明朝也曾召請他進京，但未能成行。宣德元年（1426年）四月，「賜如來大寶法王等使臣指揮使公哥等，金織文綺、襲衣等物有差」。

被明成祖封為大乘法王的是薩迦派都卻拉章的貢噶扎西（明代漢譯為昆澤思巴）。其祖父為元朝的帝師貢噶堅贊貝桑布（1333-1358年任帝師），父親為大元卻吉堅贊。大元卻吉堅贊在反對絳曲堅贊中徹底失敗，薩迦勢力被迫遷到達倉宗，大元卻吉堅贊於一三五六年到達大都，被元順帝封為「中興釋教大元國師」，並成為皇太子愛猷識理達臘專門供奉的上師。他與帝師喇欽索南洛追等在朝廷繼續控告大司徒絳曲堅贊，但是沒有成功。一三五九年他在大都去世。貢噶扎西從幼年時起就開始學佛，在一三七二年以喇嘛丹巴索南堅贊為師受比丘戒，專心學習各種經論，到前後藏各地朝佛巡禮，講經說法，成為薩迦

款氏家族成員在宗教活動方面的一個代表人物，聲名遠颺。明成祖兩次遣使前來召他進京。貢噶扎西當時年事已高（已 60 歲），不聽旁人勸阻，於永樂十年（1412 年）四月由薩迦寺動身，經過十個月的跋涉，於永樂十一年（1413年）二月到南京朝見，並多次講論佛法，深受皇帝敬信，被封為「萬行圓融妙法最勝真如慧智弘慈廣濟護國演教正覺大乘法王西天上善金剛普應大光明佛」，賜給管領僧眾、護持釋迦牟尼教法之詔書及金印。此後，他又去了北京、五台山等地，然後再到南京，為明成祖傳授灌頂及經咒、護持等。明成祖賜給他銀質喜金剛像、大威德像、鈴、金剛杵等無數法器，此外還有大藏經、供器、僧帽、袈裟等，以及各種珍寶、金器、銀器、綢緞、大小帳幕、茶葉、牛、馬、騾等無數財寶。他於馬年（1414 年）正月離開朝廷，十二月回到薩迦寺。貢噶扎西此次進京的另一重要收穫是，爭取到明成祖發布命令，讓帕竹

▲ 明帝所賜「正覺大乘法王」
印及印文

政權把薩迦大殿交還給薩迦派掌管，使薩迦僧眾努力了幾十年的大事終於有了結果。一四一三年五月，明成祖派侯顯等人從京城出發進藏，以向烏思藏許多首領傳達旨意，其中帶去了命令帕竹第悉交出薩迦大殿給予原主薩迦派的詔書，十二月侯顯等人到達西藏，在頗章孜宣讀詔書，薩迦派舉行了十分隆重的慶典。明朝中央權威對解決西藏政教勢力之間的爭執起到了決定性作用。

被明朝封為大慈法王的，是明朝初期才創建的藏傳佛教新興教派格魯派的代表人物釋迦也失，而釋迦也失是代表其師宗喀巴（tsong-kha-pa，格魯派的創始人）入朝觀見的。一四〇六年，明成祖遣使齎詔封帕竹第悉扎巴堅贊為闡化王。約在同時，明

▲ 明帝所賜唐卡「大慈法王」像

▲ 明成祖賜給格魯派釋迦也失的硃砂印本大藏經

成祖給宗喀巴也送去了邀請的詔書，所以在藏曆第七饒迥土鼠年（1408 年）六月，宗喀巴給明成祖寫了一封回信，請明朝的使者帶回。在這封回信裡，宗喀巴對收到皇帝賜予的大量禮品表示衷心感謝，對皇帝的邀請則以身體不適予以婉拒。永樂十一年（1413 年）二月，當大乘法王已到京會見後，明成祖命使者侯顯等再次齎詔召請宗喀巴大師，宗喀巴大師對眾使者詳細說明他不能進京的緣由，並給皇帝寫了說明情況的回信，準備了回贈的禮品，並派弟子釋迦也失代表他進京。

釋迦也失出身於蔡巴地方首領的家族，於藏曆第六饒迥木馬年（1354 年）生於拉薩東北的蔡貢塘。他從幼年時開始學佛，曾拜過許多老師學習佛法，後來以宗喀巴為自己的根本上師，並隨侍左右，擔任了宗喀巴大師的司茶侍從。侯顯等使者請宗喀巴派一名殊勝弟子前往，在得到宗喀巴同意後，釋迦也失遂同侯顯等前往內地。侯顯等人隨即將這一情況向永樂帝奏告。釋迦也失師徒和侯顯等使者們經山南、康區、裡塘，抵達成都附近，受到成都府大小官員和軍士的熱烈歡迎。當他到達成都府城內時，永樂帝派來傳送詔書的使者已在此恭候。詔書中說：「今聞上師你已離西土，不顧途中風雨烈日寒暑，漸次已行數萬里之遙，前來此處，故朕心甚悅，難以言說。現今復遣人於途中贈禮迎接，以示緣起，以表朕心。」一四一三年十一月，釋迦也失等到達北京城附近時，受到九門提督等官員的歡迎。在他們的接送下，釋迦也失抵達有三層外城牆的京城的北面外城牆，並下塌於蓮花池旁的海音寺，這時永樂帝又派人送來聖旨，對釋迦也失「不計數萬里之路，跋山涉水，觸風冒雨，歷盡艱辛前來」，表示十分高興。皇帝為他舉行了盛大的接風宴會，並多次給予賞賜。次年，明成祖調集全國五十多萬軍隊，親征蒙古瓦拉部。在取得戰爭勝利返回北京後，一四一五年四月，「命尚師釋迦也失為妙覺圓通慧慈普應顯教灌頂弘善西天佛子大國師，賜之誥命」。據藏文史料稱，釋迦也失在京期間，還用醫藥和傳授灌頂的辦法為明成祖治好了重病。此外，還在五台山建了六座寺院，這些寺院按照藏傳佛教格魯派的修行次第修習佛法。一四一六年，釋迦也失帶著在漢地

首次刻版印刷的大藏經《甘珠爾》硃砂木刻本的薦新樣本和明成祖親自撰寫贊語的釋迦也失畫像回到了西藏。這是兩件重要文物，前者是最早的藏文木刻版大藏經，對後來藏區的刻版印刷術和藏族文化的發展具有深刻的影響。這部珍貴的藏文木刻版大藏經至今仍保存在色拉寺。釋迦也失回到拉薩後，向宗喀巴大師供獻了從漢地帶回的大量財物。一四一九年，宗喀巴大師在臨去世前到了色拉卻頂，並指示釋迦也失在此興建一座大寺院。在釋迦也失主持下，色拉寺在當年動工，費用由內鄔宗本南喀桑布提供大部分，釋迦也失從漢地帶回的財物也起到了重要作用。一四二五年五月，釋迦也失再次到北京，在北京居住十餘年。這期間，宣德皇帝封他為「萬行妙明真如上勝清淨般若弘照普慧輔國顯教至善大慈法王西天正覺如來自在大圓通佛」。一四三五年，釋迦也失在返藏途中去世，享年八十二歲。他在北京時曾帶領藏族僧人為興建法海寺捐資助緣，留存至今的北京法海寺的石碑上他名列首位。

明成祖對藏傳佛教領袖的弟子也敕封大國師、國師的名號。從明成祖到景泰帝、成化帝，明朝封了許多藏族僧人為大國師、國師等，並賜給封誥和印章，明朝所封授的大國師、國師等職，不僅僅是一個名號，而且還有品級。一般大國師為秩四品，國師為五品，禪師為六品，他們在京城，還享有俸祿，所以當時留居北京的藏傳佛教僧人很多，其開支全由光祿寺供應。憲宗成化末年，有時一次升職授職的藏族僧人達數十人之多。明武宗還專門在西華門內修建了一座「豹房」，同藏族僧人一起誦經、研習經典，以致於有記載說明武宗通曉梵（藏）語，他還自封為大慶法王，自己給自己頒發了一枚「定為天字一號」的「大慶法王西天覺道圓明自在大定慧佛」的金印。後來，由於明世宗崇信道教，排斥藏傳佛教，藏族僧人在北京的活動才進入低潮。

帕竹政權在明代保持著對西藏主要地區的控制權，但是薩迦派還控制著後藏的一些地區（吉隆、拉孜等）。大司徒絳曲堅贊曾為帕竹政權規定了許多制度，如帕竹第悉必須是朗氏家族的出家僧人，並且要擔任過澤當寺的法台，各個宗的宗本由有功的家臣擔任，而且實行輪換，以保證政權的統一。第三任第

悉京俄扎巴絳曲生於一三五六年，一三七一年擔任丹薩替寺法台，本來是不應當擔任第悉的，但是一三七三年第二任第悉釋迦堅贊去世後，帕竹議事會全體成員懇請他兼任帕竹第悉。他同意在其異母弟弟索南扎巴成年前兼任這兩個職務，因此被稱為「喇本」（即同時擔任帕竹第悉和丹薩替寺京俄的人）。一三八一年，他扶植索南扎巴擔任帕竹第悉，自己仍任丹薩替寺京俄。由於帕竹內部出現一些紛爭，第四任第悉索南扎巴辭去第悉職務，到丹薩替寺就任京俄。到一四〇五年，他又辭去京俄職務，遁世修行。第五任第悉闡化王扎巴堅贊對一些制度作了修改，特別是宗本實行家族世襲，使仁蚌巴、瓊結巴、內鄔巴、扎喀哇等家族成為具有固定領地的封建領主。與此同時，扎巴堅贊還釐定條例，規定帕竹各級官員按品級的高低，穿戴不同的服飾，制定官員集會的禮儀，強化封建統治集團內部的等級制度，以此來維護封建統治秩序。一四三二年扎巴堅贊去世後，帕竹朗氏家族開始發生分化和內爭，第六任第悉扎巴迥乃的父親桑結堅贊企圖取代兒子的第悉職位，在一四三四年引起一場大動亂，一些貴族世家乘機掌握了實權。扎巴迥乃在擔任第悉後還俗娶妻，破壞了絳曲堅贊關於帕竹第悉只能由僧人擔任的規定。從此以後，帕竹政權的歷任第悉由娶妻生子的在家俗人擔任，帕竹第悉成為父子世襲的職位。貴族中權勢最突出的仁蚌巴家族，以後藏仁蚌為基地，通過與帕竹家族的聯姻，操縱帕竹政權，並引起多次內戰。後來，帕竹朗氏家族分為乃東的一支和貢噶的一支。明代中後期，西藏地方勢力的混戰和爭鬥持續不斷。後來，第悉藏巴在日喀則興起，建立一個時間很短的第悉藏巴政權。

明代西藏曆史中的另一件大事是格魯派的產生和發展。格魯派的創始人宗喀巴（1357－1419）是青海湟中縣人，七歲出家，十六歲時到拉薩學佛。他拜數十位各派高僧為師，學通佛法，後來自己招收弟子，宣傳自己的佛教主張。他得到帕竹政權的闡化王扎巴堅贊和內鄔宗宗本南喀桑布的支持，一四〇九年正月在拉薩發起正月祈願大法會，並在同年興建甘丹寺，由此建立起格魯派。格魯派宣布在教理上繼承阿底峽和仲敦巴所傳的噶當派教法，因此許多噶

當派的寺院轉為格魯派，所以發展很快。宗喀巴在世時，其弟子扎西貝丹建哲蚌寺（1416年），釋迦也失建色拉寺（1419年），與甘丹寺合稱為拉薩三大寺，這是格魯派早期的基礎。一四一九年宗喀巴去世時，格魯派還沒有採用活佛轉世的辦法來解決領袖人物的繼承問題，是由他的弟子賈曹傑、克珠傑等相繼繼承他的法座，稱為甘丹赤巴。此後不久，新興的格魯派就受到仁蚌巴家族的限制和打擊，處於低潮。這期間，宗喀巴晚年時的一個弟子根敦珠巴（1391-1474）在日喀則新建扎什倫布寺，成為格魯派在後藏地區的中心。根敦珠巴去世時，扎什倫布寺的法台仍尤其弟子繼承。但有人認為，在達那地方出生的根敦嘉措（1475-1542）是根敦珠巴的轉世，並把根敦嘉措迎請到扎什倫布寺居住。由於當時格魯派還沒有實行活佛轉世制度，所以根敦嘉措的地位一直難以確定。根敦嘉措後來受到扎什倫布寺法台意希孜莫的排斥，離開扎什倫布寺到哲蚌寺學佛。根敦嘉措在前藏各地活動，逐漸有了名望，他又在山南興建了曲科傑寺。一五一二年，意希孜莫請他返回扎什倫布寺，讓他擔任扎什倫布寺的法台，可以說，這是格魯派中活佛轉世對比師徒相傳取得了優勢。這時仁蚌巴下令禁止格魯派僧人參加拉薩正月的祈願大法會，哲蚌寺僧眾請求根敦嘉措返回，一五一七年根敦嘉措出任哲蚌寺法台，一五一八年由他主持拉薩正月祈願大法會，爭回了格魯派僧人參加祈願大法會的權力。一五二五年，他又兼任色拉寺法台。從此，根敦嘉措的歷輩轉世都要擔任哲蚌寺和色拉寺的法台，他對轉世系統的影響和其實際地位超過了甘丹赤巴，成為格魯派的實際領袖。內鄔宗宗本還把哲蚌寺的別墅送給他，改名為甘丹頗章。

格魯派取得更大發展的關鍵人物是根敦嘉措的轉世索南嘉措（1543-1588）。一五七七年，他應率部到青海的蒙古土默特部首領俺答汗的邀請從拉薩到青海，一五七八年他們在青海湖南面會見。俺答汗贈給索南嘉措「聖識一切瓦齊爾達喇達賴喇嘛」的尊號，這是「達賴喇嘛」這個名詞最初出現，格魯派立即以俺答汗所贈的這個名號作為從根敦珠巴開始的活佛轉世系統的稱號，索南嘉措自然就成為第三世達賴喇嘛。由於索南嘉措按照明朝的要求勸說俺答

▶ 甘丹寺一隅

▶ 色拉寺

▶ 哲蚌寺

汗返回蒙古，他又受到明朝的重視。一五八六年，在索南嘉措到呼和浩特主持俺答汗的葬禮時，明朝派人封他為「朵兒只唱」，並邀請他到北京，一五八八年，他在赴北京的途中去世。格魯派和土默特部認定俺答汗的一個重孫雲丹嘉措（1589-1616）為索南嘉措的轉世，雲丹嘉措成為蒙古人出身的四世達賴喇嘛。雲丹嘉措帶著一些蒙古軍隊和貴族到西藏坐床，對當時遭到新興的第悉藏巴猛烈打擊的格魯派是極大的支持，使格魯派在十分困難的環境中能夠生存下來。雲丹嘉措到西藏後，由扎什倫布寺的法台洛桑曲吉堅贊（1570-1662）當他的經師和授比丘戒的堪布，這提高了洛桑曲吉堅贊在格魯派和扎什倫布寺中的地位，以後扎什倫布寺的法台就由他和他的歷輩轉世擔任，形成了格魯派中另一個重要的活佛轉世系統即班禪系統。

一六一六年，四世達賴喇嘛去世，利用戰勝支持格魯派的拉薩地區首領吉雪巴的餘威，第悉藏巴下令禁止達賴喇嘛轉世，沒收哲蚌寺和色拉寺的土地和屬民。格魯派從青海請來蒙古土默特部的軍隊，打敗第悉藏巴的軍隊。第悉藏巴彭措南傑去世，新任第悉藏巴噶瑪丹迥旺波只有十六歲，左右親信意見不一。在洛桑曲吉堅讚的請求下，噶瑪丹迥旺波同意准許尋找雲丹嘉措的轉世。這樣五世達賴喇嘛才得以認定並迎請到哲蚌寺坐床。一六三○年，蒙古察哈爾部林丹汗受後金壓迫，向西擊敗土默特部，並向青海移動，格魯派再次處於危險之中。在這種情況下，格魯派第巴索南熱丹派人向在新疆的信奉格魯派不久的衛拉特蒙古求救。一六三六年，和碩特部首領固始汗率兵進入青海，並在一六三七年到一六三九年攻占青海和康區。一六四二年，固始汗和格魯派聯合攻打第悉藏巴，打下了日喀則，消滅了第悉藏巴政權，建立起和碩特部和格魯派聯合統治的甘丹頗章政權。

明代西藏和內地有密切的經濟文化連繫，這種經濟文化的交流具體表現在進貢、回賜、茶馬互市等方面。明朝規定，凡是受封的藏族僧俗首領都必須按期向朝廷進貢牲畜、皮毛、藏絨、藥材、藏香、銅佛等土特產品和手工藝品，明朝則承襲歷代慣例，給他們回賜數倍於貢品價值的金、銀、鈔、綢緞、布

▲ 明帝敕封索南嘉措「朵兒只唱」印

匹、糧食、茶葉等物品。這種以貢賜方式出現的明朝中央政府和藏族地區僧俗首領的經濟往來，對明朝中央政府保持對藏族地區的施政和管轄起到了重要作用。成化六年四月，明王朝具體規定了西藏各王和不同藏區的入貢年例和入貢線路。烏思藏贊善、闡教、闡化、輔教四王「三年一貢，每王遣使百人，多不過百五十人，由四川路入」。現存於大昭寺的一份用漢藏兩種文字書寫的明朝皇帝的誥賜說：「法尊大乘尚師哈立麻，朕勞尚師遠來，已慰所望。尚師又以馬進，厚意深至，朕領受之，不勝欣喜。」食茶在朝廷的賞賜占有相當比例，「且如靈藏一族年例進貢止該一百五十餘名，給賞賜食茶之數計有二萬四千餘斤」。除朝廷賞賜的茶葉在茶馬司支取外，貢使還可沿途購買，以賜鈔買茶，以賜物易茶，或者採取私購暗運的方式帶回大批的茶葉。除貢賜來往中的茶馬交換外，還有專門的茶馬互市。明代的民間茶馬貿易分為商茶和私茶兩類。商茶是由政府給茶引，商人按引納課經營。藏族人民用佛像、紅纓、毛布、藥材、紅椒、畜皮等土特產品，易回他們所需的鐵器、銅器、綢緞、布匹、絹、紙張等物，從而有力地推動了漢地和藏區的經濟發展。

第六章

清朝前期
的西藏

固始汗控制西藏以後，和格魯派聯合建立了甘丹頗章政權。固始汗自己作為甘、青、康及衛藏地區的汗王，成為全藏族地區的統治者。他派遣了八個兒子率部駐紮青海，建立了以他為領袖的和碩特部根據地。以康區所徵賦稅供給青海部眾，將衛藏賦稅供養達賴、班禪，使格魯派寺院在經濟上得到實惠。他本人及兩個兒子則長期擁兵坐鎮拉薩，在拉薩以北的達木地區（今當雄）駐紮重兵，起震懾保護作用。從而在全藏區形成了蒙古汗王統治的局面。在甘丹頗章政權內，西藏地方的高級行政官吏和世俗貴族由固始汗任命封賜，其中最重要的官職就是第巴。至於衛藏地區的行政命令，必須經由固始汗蓋印、發布執行，第巴只是副署蓋印而已。

固始汗看到明朝氣數已盡，在東北興起的後金有統一天下的可能，所以他也積極尋求政治靠山，在占領青海之初，就遣使到盛京（今瀋陽）朝見皇太極，開始了和後金的交往。早在入據西藏以前，他就與五世達賴喇嘛和四世班禪等商議，並由四世班禪出面，爭取到第悉藏巴等政教首領參加，聯合派出了以伊拉古克三為首的代表團前往盛京。一六四二年，代表團一行到達盛京，皇太極出城親迎，「率眾拜天，行三跪九叩之禮」，表明了後金對爭取蒙藏各部的重視。皇太極對代表團給予了優厚賞賜。次年，皇太極遣使隨同伊拉古克三一行赴藏，分別緻函賞賜固始汗、達賴、班禪及第悉藏巴等其他政教首領。

一六四四年（順治元年），清朝定都北京後，與西藏地方的連繫更加頻繁。翌年，固始汗派其子多爾濟達賴巴圖爾台吉到北京，上書順治帝，表示對清政府的諭旨「無不奉命」。他還與五世達賴喇嘛共同遣使清朝「表貢方物」，受到清朝的賞賜。自此之後，蒙古和碩特部汗王與西藏地方宗教首領幾乎年年必遣使薄京，通貢不絕，清朝也厚賜。為了進一步加強同中央政權的政治連繫，固始汗還上書清朝：「達賴喇嘛功德甚大，請延至京師，令其諷誦經文，以資福佑。」一六五二年（順治九年），達賴喇嘛帶領大批隨從起程，當年年底到達北京，順治帝在北京南苑會見了他，「賜坐，賜宴，待以殊禮」，並賞給金、銀、大緞、珠寶、玉器等大量禮品。五世達賴喇嘛進呈了珊瑚、琥珀、

青金石念珠、氆氌、馬匹、羔皮等千件貢禮。達賴喇嘛留京兩個月期間，兩次進宮參加順治帝專門為其舉行的盛大國宴，還參加了一些滿族親王、蒙古汗王舉行的宴會，先後進行了一系列的佛事活動：為專程自大漠南北、山西五台山趕到北京的蒙古科爾沁秉圖王及漢族僧侶，為御前侍衛拉瑪，為成百數千人講經傳授各種法戒，撰寫啟請、發願、讚頌及祭祀祈文等等。接受的禮金、各類禮品、法器以及社會各階層餽贈不可勝數。清朝在北京專門修建了黃寺，供他住宿。一六五三年初，在達賴喇嘛返藏途中，順治帝派官員趕到代噶（今內蒙涼城），賜給五世達賴喇嘛金冊金印，封他為「西天大善自在佛所領天下釋教普通瓦赤喇怛喇達賴喇嘛」。自此，清朝中央政府正式確認了達賴喇嘛在蒙藏地區的宗教領袖地位，歷輩達賴喇嘛需經中央政府冊封遂成為制度。清政府在冊封五世達賴喇嘛的同時，又派使臣和五世達賴喇嘛一起去西藏，給固始汗賚送以漢、滿、藏三種文字寫成的金冊金印，封固始汗為「遵行文義敏慧顧實汗」，承認他統治藏族地區的汗王地位。清朝中央政權對新建立的甘

▲ 蒙古和碩特部首領、受清朝冊封的固始汗像（布達拉宮壁畫）

▲ 五世達賴覲見清朝順治皇帝圖（布達拉宮壁畫）

▲ 描繪清帝對五世達賴及其隨行人員的貢賞圖（布達拉宮壁畫）

丹頗章政權的鞏固起到了重要作用。

一六五四年，固始汗去世，諸子爭位，相持不下，汗位空懸四年之久。最後妥協解決，由達什巴圖爾主持青海和碩特部，達延汗主持西藏政務。然而他們缺乏其長輩的威望和才能，而五世達賴喇嘛憑倚朝廷的支持，權力及威望日益增強。一六五八年，固始汗任命的第巴索南饒丹去世，經過兩年的協商，最終由五世達賴喇嘛任命他的親信仲麥巴赤列嘉措出任第巴，任命第巴的權力從蒙古汗王轉移到達賴喇嘛

▲ 五世達賴喇嘛像(布達拉宮藏)

的手中。一六六二年，四世班禪大師洛桑曲吉堅贊去世，西藏的政教權力進一步向達賴喇嘛集中，但是在軍事上格魯派仍然要依靠和碩特部的保護。一六六八年達延汗去世，汗位又空懸了三年，一六七一年才由達賴汗繼位。五世達賴喇嘛在後期扶植仲麥巴赤列嘉措的侄子桑結嘉措掌權。一六七六年，五世達賴喇嘛提名當時年僅二十四歲的桑結嘉措出任第巴，因時機尚未成熟，桑結嘉措謝絕這一任命，改由達賴喇嘛的卻本洛桑金巴擔任，說好三年後讓位。一六七九年，達賴喇嘛再次提名，桑結嘉措正式就任第巴職務。一六八二年，五世達賴喇嘛去世。桑結嘉措為保持自己的地位，穩定局勢，以擴建布達拉宮的工程尚未完工和與拉達克的戰爭正在進行為由，和少數親信決定秘不發喪，「偽言達賴入定，居高閣不見人，凡事傳達賴命行之」，繼續以五世達賴喇嘛的名義掌政。桑結嘉措為獲得清朝中央政府的支持和敕封，名正言順地統治西藏，一

六九四年（康熙三十三年），他借五世達賴喇嘛的名義上奏朝廷：「臣已年邁，國事大半第巴主之，乞請皇上給印封之，以為光寵。」康熙帝經過反覆考慮，最後封桑結嘉措「法王」稱號，同時賜給「掌瓦赤喇怛喇達賴喇嘛教弘宣佛法王布忒達阿白迪之印」。為了防止自己的權力被和碩特汗剝奪，桑結嘉措還與新疆的準噶爾部首領噶爾丹聯絡，利用準噶爾部和和碩特部的矛盾，牽制和碩特汗。在噶爾丹和清朝的鬥爭中，桑結嘉措用五世達賴喇嘛的名義為噶爾丹說話，遭到康熙皇帝的申斥。桑結嘉措還一手包辦五世達賴喇嘛的轉世靈童的尋訪認定，於一六八五年祕密地選定在門域出生的倉央嘉措為五世達賴喇嘛的轉世。直到一六九四年，清朝打敗噶爾丹，從準噶爾降人口中聽到五世達賴喇嘛早已圓寂的消息並嚴辭責問，桑結嘉措才向清朝政府報告五世達賴喇嘛圓寂多年，其轉世靈童已經認定。在經清朝同意批准後，一六九七年，將倉央嘉措接到後藏浪卡子宗，由五世班禪為其剃度授戒，隨後迎接到布達拉宮坐床。

在五世達賴喇嘛去世後，西藏蒙藏統治集團的矛盾一直在逐漸加深。一七〇一年達賴汗去世，拉藏汗繼位。自拉藏汗上台後，桑結嘉措與他的關係很快就緊張起來。一七〇三年，雙方的部下在拉薩爭鬥，經三大寺高僧調解，矛盾暫時得到緩和。桑結嘉措辭去第巴之職，由他的兒子卓薩繼任，拉藏汗到當雄居住。但這種妥協很難維持長久，一七〇五年第巴·桑結嘉措集結各地兵力到拉薩，與拉藏汗再次爆發了武裝衝突，拉藏汗從當雄兵分三路反攻，在澎波決戰，桑結嘉措兵敗後被擒殺。拉藏汗進入拉薩後，隨即派人到朝廷，報告事變的經過，並奏稱倉央嘉措是假達賴喇嘛，平日耽於酒色，不守清規，請予以廢黜。康熙皇帝認可了拉藏汗的行動，派護軍統領席柱、學士舒蘭為使，到西藏封拉藏汗為「翊法恭順汗」，同時下令「拘假達賴喇嘛」及桑結嘉措妻子解京。倉央嘉措在解往北京的途中，「行至西寧口外病故」，年僅二十四歲。拉藏汗另找了一個格魯派僧人意希嘉措，立為達賴喇嘛，清朝在派人帶領青海蒙古諸台吉的代表進藏詢問五世班禪後，於一七〇七年批准意希嘉措為六世達賴喇嘛，一七〇九年派人進藏冊封，並賜給金印，由五世班禪主持，在布達拉宮

▲ 五世班禪受康熙帝冊封后錄寫封文啟用金印的文書

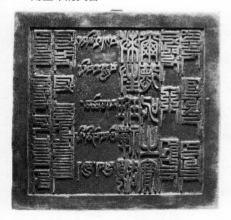

▲ 清帝敕封五世班禪「班禪額爾德尼之寶」印

舉行坐床儀式。

但是，拉藏汗廢立達賴喇嘛的舉措引發了新的矛盾。三大寺的一些僧人和在青海的和碩特部部分不滿拉藏汗的貴族首領不願承認意希嘉措，把倉央嘉措的一首著名詩歌「天空潔白的仙鶴，請它雙翅借給我，不會遠走高飛，到理塘轉轉就回」作為預言，祕密地派人到康區理塘找到了一七○八年出生的格桑嘉措，作為倉央嘉措的轉世，並轉移至康區北部的德格地方加以保護。清朝下令將格桑嘉措送到塔爾寺居住。一七○九年，康熙皇帝又派遣侍郎赫壽到西藏「協同拉藏辦理西藏事務」。西藏的混亂局勢被準噶爾部的策妄阿拉布坦所利用，他先是將女兒嫁給拉藏汗的兒子，以聯姻迷惑拉藏汗，然後在一七一七年以護送女兒、女婿的名義選派精兵長途奔襲，突擊西藏。同時還派遣一小股軍隊去塔爾寺，企圖劫持格桑嘉措，以號召人

心。當準噶爾軍到達藏北草原時，拉藏汗才發現形勢不對，匆忙召集人馬抵禦。儘管準噶爾派去塔爾寺的軍隊被清軍擊潰，但是到藏北的準噶爾軍仍宣稱他們已經接到了真正的達賴喇嘛，將送到拉薩來，以此渙散拉藏汗的軍心。拉藏汗在戰爭勝敗難定的情況下，就倉促撤回拉薩城，想堅守拉薩，等待清朝派兵救援。但是準噶爾軍得到那些不滿拉藏汗的僧俗人員的配合，拉薩城很快被攻破，拉藏汗逃進布達拉宮，不久在突圍時被殺死。準噶爾軍廢黜意希嘉措，自己委派官員，向僧俗勒索財物，對不服從的寺院和地方則派兵燒殺搶劫，曲科傑寺、敏珠林寺等著名寺院遭到嚴重破壞。一些原來對準噶爾軍抱有期望的人也大失所望。一七一八年，清朝派西安將軍額侖特率兵數千進藏，在藏北草原被準噶爾軍圍困，糧食斷絕，全軍覆沒。一七二〇年，以皇十四子允禵為大將軍，指揮清軍和青海蒙古首領的軍隊一起進藏，驅除準噶爾軍，同時承認格桑嘉措，並封其為「弘傳覺眾第六世達賴喇嘛」，護送到拉薩坐床。這時拉藏汗的舊部康濟鼐和頗羅鼐等人也在後藏起兵，占據阿里和後藏的一些地方，截斷在西藏的準噶爾軍和新疆的連繫，前藏的貴族阿爾布巴、扎爾鼐等人積極和清軍連繫，配合清軍進兵。準噶爾軍在清軍大軍壓境的情況下，稍作抵抗就倉皇逃跑，出兵時的七千精兵，逃回準噶爾的不到一千人。

清朝在驅除準噶爾軍以後，沒有讓青海蒙古首領統治西藏，而是建立了清朝對西藏的直接統治，從西藏貴族中任命幾名噶倫掌政，以康濟鼐為總理西藏政務的噶倫。但是掌政的噶倫之間很快就發生矛盾，一七二七年，噶倫阿爾布巴、隆布鼐、扎爾鼐等人為爭權奪利，煽起內訌，戕殺康濟鼐，並派人去後藏捉拿頗羅鼐。頗羅鼐聞訊，立即意識到這是背離中央政府旨意的一次陰謀。於是在火速奏報朝廷的同時，毅然再次於後藏起兵，聯合康濟鼐之兄阿里總管噶西鼐等，率後藏及阿里精兵數千人，向阿爾布巴等人宣戰。雙方在江孜交戰半年多，頗羅鼐攻入拉薩，在三大寺僧眾的幫助下，擒獲了阿爾布巴等人，奏請清廷處置。此時清朝派遣的大軍抵達拉薩，經共同審核事實，將阿爾布巴等人處斬。清廷肯定了頗羅鼐的功績，封他為貝子，任命他為首席噶倫，後來又晉

封為郡王，由他領導西藏地方的行政。在頗羅鼐之下，清朝還另任命噶西巴・納木扎勒色布騰和策仁旺傑兩位噶倫，但地方大權由頗羅鼐一人總攬。一七二八年，雍正皇帝下令把七世達賴喇嘛移到四川泰寧的惠遠廟居住，還命七世達賴喇嘛之父索南達結進京，封他為「輔國公」，以防止他幹預藏政，這是達賴喇嘛的親屬受中央封以爵位的開始。一七三五年，準噶爾部的威脅解除，雍正皇帝派副都統

▲ 雍正皇帝賜給頗羅鼐的「辦理衛藏噶倫事務多羅貝勒之印」

福壽和章嘉國師若必多吉護送達賴喇嘛返回拉薩。一七二七年，清朝設立駐藏

▲ 郡王頗羅鼐像（色拉寺壁畫）

大臣，在拉薩設立了駐藏辦事大臣衙門，直接監督地方政權，留駐藏清軍二千人，歸駐藏大臣指揮。通常駐藏大臣為兩人，一為辦事大臣，一為幫辦大臣，一方面可以商議辦事，另一方面分別替換，以保證始終有一個比較熟悉情況的大臣住在西藏。另外，清朝還劃定了西藏和青海、四川、雲南的地界，確定西藏的行政範圍。

為醫治戰爭創傷，安定社會秩序，解決生產凋敝、民不聊生的困窘，以及增強地方自身的防禦作戰能力等，頗羅鼐做了許多有益的事情。在清朝駐藏軍隊的指導下，頗羅鼐在拉薩北郊興建了扎什兵營，分期操練了由騎兵一萬人、步兵一萬五千人組成的藏軍。自此，西藏有了一支兵械較齊備，且訓練有素的

▲ 清朝設於拉薩的駐藏辦事大臣衙門

軍隊，於西藏通往准部各條道路上「嚴設卡倫，準噶爾自是不敢窺藏」，維護了西藏邊境之安寧。他還整頓驛站，保證政令文書的傳遞。他按照乾隆皇帝的安排，接待準噶爾部經清朝批准派來的熬茶禮佛的使團，受到清朝的嘉獎。一七四七年頗羅鼐去世，其子珠爾墨特那木扎勒襲封郡王，總管全藏事務。然而他上台後，專橫跋扈，結黨營私，殺害其駐守阿里的兄長，又與達賴喇嘛不和，敵視駐藏大臣，阻斷驛傳軍書，還設法和準噶爾部聯絡，爭取準噶爾部作外援。由於駐藏清軍大部分已在一七三三年撤回內地，拉薩形勢非常危急。一七五一年，駐藏大臣傅清、拉布敦搶先將珠爾墨特那木扎勒誘殺，他們自己被珠爾墨特那木扎勒的黨羽殺害，駐藏大臣衙署被焚燬，錢財被

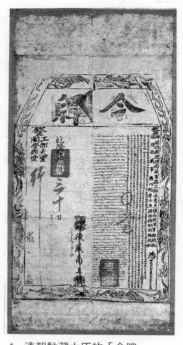

▲ 清朝駐藏大臣的「令牌」

洗劫一空，史稱珠爾墨特那木扎勒之亂。事件發生後，七世達賴喇嘛即命公班智達代理政務，將殺害駐藏大臣的兇手捕獲，安定拉薩局勢，等待清朝派員進藏處理。清朝所派的四川總督策楞帶兵入藏後，經過調查研究，提出了「酌定西藏善後章程」十三條。乾隆帝深刻地反省了過去珠爾默特那木扎勒之所以敢懷逆志謀反，就是因為西藏「地廣、兵強、事權專一」，「噶倫事務與事權極有關係。」清政府決定以此次平亂後措置轉關為契機，改革西藏地方政制，廢除郡王獨理專擅西藏政務的制度，由達賴喇嘛領導噶廈掌管西藏，分權於一僧三俗的四位噶倫手中，這是僧人出任噶倫的開始。噶倫之間地位平等，遇事秉承駐藏大臣和達賴喇嘛的旨意，共同處理地方各項事務，不得獨斷專行，並由駐藏大臣監督管理，另把原屬珠爾墨特那木扎勒管轄的藏北三十九族和達木（當雄）蒙古劃歸駐藏大臣直接管理。

▲ 清帝封賜七世達賴喇嘛的金印

七世達賴喇嘛掌政不久，在一七五七年圓寂，清朝派章嘉呼圖克圖進藏，主持尋訪達賴喇嘛轉世事務，同時任命第穆活佛為攝政（丹吉林），代理達賴喇嘛管理西藏事務。這是攝政制度的開始。經六世班禪參與，認定了八世達賴喇嘛強白嘉措（1758－1804）。一七七七年，第穆活佛去世，清朝派當時在北京雍和宮任堪布的策墨林活佛進藏擔任攝政。由達賴喇嘛、駐藏大臣、攝政共同掌管政務的體制在這一時期建立起來。一七七九年，清朝迎請六世班禪進京，一七八○年八月六世班禪抵達熱河，參加為乾隆皇帝慶賀七十大壽的活動，然後到北京。十月底，六世班禪因病在北京黃寺圓寂。一七八四年，八世達賴喇嘛親政。一七八六年，因章嘉國師若必多吉去世，清朝召策墨林活佛回京，命濟嚨呼圖克圖協助達賴喇嘛辦理政務。

一七八八年，發生了廓爾喀侵擾後藏的事件。歷史上的尼泊爾，是指分布在加德滿都谷地巴勒布人生活居住的陽布（即今加德滿都）、庫庫穆、葉楞三部，藏語稱之為巴勒布。一七六八年，本屬尼泊爾部落之一的廓爾喀人，乘巴勒布本國內訌之機，吞併了巴勒布三部，並遷都陽布。後藏與廓爾喀地域緊密相連，彼此間以物易物或錢貨買賣，經濟關係非常密切，不過雙方貿易中也不時發生一些小的摩擦。一七八八年，廓爾喀以錢幣兌換問題和西藏地方「商稅增額、食鹽揉土」為藉口，出動三千人馬搶占了後藏邊境的濟嚨、聶拉木、宗喀三處。乾隆皇帝命成都將軍鄂輝、四川提督成德帶兵火速馳援西藏剿辦，又命理藩院侍郎巴忠以御前侍衛欽差大臣的官銜赴藏辦事，與鄂輝、成德會商一切善後事宜。在巴忠抵藏之前，後藏仲巴呼圖克圖等先與廓爾喀私下進行和

議，答應向廓爾喀賠款贖地。巴忠到拉薩後，一方面與鄂輝、成德會商，讓紅帽活佛檄諭廓爾喀投順，退回所占聶拉木等三處地方，並立具甘結，永不犯藏界；另一方面，他又自遣使者與廓爾喀講和。廓爾喀在得到一紙西藏每年向其賠款三百個元寶的字據後，撤出了占領的後藏地方。巴忠等人隱瞞實情，向朝廷謊報「已將聶拉木、宗喀、濟嚨等地方次第收復」，「奏凱班師」，為廓爾喀第二次入侵西藏留下了禍根。一七九〇年，廓爾喀派人入藏討取「贖地」銀，達賴喇嘛和噶廈拒絕支付，遣使與之談判，要求「撤回合同」，遭到廓爾喀拒絕。事情報告到朝廷，乾隆皇帝才知道巴忠報告的功勞都是假的。鑒於西藏形勢危急，清朝派策墨林活佛再次進藏擔任攝政，他到拉薩後只有幾個月，就在一七九一年三月去世。清朝命八世濟嚨活佛（功德林）擔任攝政。一七九一年七月，廓爾喀以西藏方面爽約為由，悍然發動了第二次侵略西藏戰爭。在短短的十幾天內迅速占領了聶拉木、定日、

▲ 清朝乾隆皇帝賜給六世班禪的皇帝本人畫像

▲ 清朝乾隆皇帝為六世班禪在北京黃寺建造
　的「清淨化城塔」

薩迦、濟嚨等宗。紅帽活佛為報復其兄仲巴呼圖克圖不分六世班禪的遺產給他的私怨（紅帽活佛是六世班禪和仲巴呼圖克圖的同母異父兄弟），竭力唆使廓爾喀兵搶劫扎寺。駐藏大臣保泰得悉事態，慌忙將七世班禪移往拉薩，倖免被俘。仲巴呼圖克圖攜大量金銀珠寶細軟逃跑。其餘濟仲喇嘛、扎寺堪布並眾僧等，在占卜師宣稱「不可與賊作戰」的誆騙下四下逃散，廓爾喀軍洗劫了扎什倫布寺。只有駐守日喀則的都司徐南鵬率領的八十名清軍，堅守日喀則宗堡，與敵交戰，保住了城堡。消息傳來，清廷大為震動，巴忠自知罪責難逃，投湖自殺。乾隆皇帝決定派遣福康安為大將軍，超勇公海藍察為參贊大臣，率領滿、漢、蒙、回、達斡爾、鄂溫克、鄂倫春等數個民族組成的一萬七千餘大軍，分三路進藏討伐。在西藏人民的支援下，一七九二年五月，清軍收復全部失地，將廓爾喀軍驅除，七月，清軍勢如破竹，長驅直入廓爾喀境內，打到距陽布二十里的地方，廓爾喀派大頭人前來投降，放回了被抓的噶倫丹津班珠爾等人，交出了從前「賄和」的合同和服毒自殺（有說因病身亡）的沙瑪爾巴骨殖及其妻子兒女僕人等，退還了所有搶去的扎什倫布寺的財物並班禪的金冊等。乾隆皇帝指示福康安接受廓爾喀的乞降稟貼及請罪恭詞，令其簽寫「永不犯藏」之甘結，並定期納貢。廓爾喀王接受了全部條件，還派人赴京呈進貢品多種。九月，福康安率大軍自前線凱旋班師。

根據乾隆帝的指示，一七九

▲ 《欽定藏內善後章程》二十九條（藏文本）

二至一七九三年，大將軍福康安與孫士毅、惠齡、駐藏大臣和琳等經過長期醞釀，擬訂了有關治理西藏各方面的章程，並報經中央政府核准頒布實施。其中，關於西藏地方政府遵行的部分，即著名的《欽定藏內善後章程》二十九條（藏文本）。

章程的要點是：1、行政人事權方面，規定駐藏大臣督辦藏內事務，地位與達賴喇嘛、班禪平等。所有噶倫以下的首領及辦事人員、管事僧人皆是隸屬關係，事無大小，都得稟明服從駐藏大臣辦理。噶倫、代本的任免升遷，由駐藏大臣會同達賴喇嘛擬寫兩份名單，呈報皇帝選擇任命。其餘前藏大小文武官員由駐藏大臣和達賴喇嘛委任，發給滿、漢、藏三種文字執照。後藏官員依照前藏之制，由駐藏大臣和班禪協商委任，發給執照。2、宗教監管權方面，設置「金奔巴瓶」，嗣後達賴喇嘛、班禪及藏區各地呼圖克圖「靈童」的認定，須由駐藏大臣監督主持，將其名字生辰年月，以滿、漢、藏三種文字書於象牙籤牌上，然後置於金瓶內當眾掣出，報請中央政府正式批准。藏地各大寺院活佛人選，由達賴喇嘛、駐藏大臣及呼圖克圖認定，並發給蓋有以上三人印章執照。青海蒙古王公迎請西藏活佛，須由西寧大臣行文駐藏大臣獲通行護照。赴外地朝佛僧侶，亦得領取護照，始得通行。如若私自前往，一經查出，懲處管理堪布及札薩等主管人員。達賴喇嘛所轄寺廟之活佛、喇嘛及全藏各呼

▲ 清帝頒賜的「金奔巴瓶」

▲ 清朝批准西藏地方政府鑄造、流通的銀幣和銅幣

圖克圖所屬寨落人戶，一律詳造名冊，於駐藏大臣衙門和達賴喇嘛處各存一份。3、軍事方面，設三千名正規軍隊，前後藏各駐一千名，江孜、定日各駐五百，兵員由全藏徵調。所徵兵員造冊兩份，分存駐藏大臣衙門及噶廈。代本、如本、甲本、定本由駐藏大臣並達賴喇嘛擇選年輕有為者充任，並發給執照。駐藏大臣每年分春秋兩季出巡前後藏並檢閱軍隊。軍隊糧餉由地方政府籌辦，交駐藏大臣分春秋兩季發放。軍隊所需彈藥，由噶廈派人攜帶駐藏大臣衙門公文，赴工布地方製造辦理。4、司法方面，對於一般案件的處理，「可以緣依舊規，但需分清罪行之大小輕重，秉公辦理」。處罰犯人、沒收財產等必須登記，呈繳駐藏大臣衙門或報經駐藏大臣審批始能處理。各地漢官、噶倫和宗本等，如有依仗權勢無端侵占別人財產、欺壓或剝削人民事件，即可報告駐藏大臣予以查究。5、外事方面，外事集權於中央，一切西藏外事交涉權，統

歸駐藏大臣負責辦理。西藏地方與外國行文，須以駐藏大臣為主與達賴喇嘛協商處理。廓爾喀人往見，其回文須按駐藏大臣指示繕寫。邊境重大事務，要根據駐藏大臣指示處理。給達賴喇嘛等人來文須呈駐藏大臣查閱，並代為酌定回書，交來人帶回。所有噶倫不得私自向外藩通信，當外藩行文噶倫時，必須交駐藏大臣並達賴喇嘛審閱處理，不得私自回信。外國來藏商旅必須登記、造具名冊呈報駐藏大臣衙門，按其路線簽發路證，並在江孜、定日兩地派兵駐紮，檢查路證。來拉薩者，須向邊境宗本呈報，經沿途檢查，將人數報駐藏大臣衙門批准。西藏到廓爾喀塑建佛像的人，也由駐藏大臣簽發路證，限定日期返回。6、財稅方面，由駐藏大臣設置專門機構鑄造銀幣，統一貨幣成色和折算比價，不允許西藏流通鄰國貨幣。西藏地方收支，統一由駐藏大臣審核，每年春秋各上報朝廷一次。濟嚨、聶拉木兩地抽收大米、食鹽及各種物品之進口稅，依原例辦理。除非請示駐藏大臣同意，地方政府不得私自增加稅額。地方稅收、烏拉等各種差役平均負擔，實有勞績需要優待免除差稅者，由達賴喇嘛並駐藏大臣協商發給免役執照。

《欽定藏內善後章程》是清朝中央政府總結元代以來歷代王朝對西藏治理的經驗，為行使對西藏的完全主權而制定的一個重要法律文獻，它標誌著清政府在西藏的施政達到了成熟和較完備階段。它的制定和實施，對於加強和發展中央與西藏地方的關係，密切祖國各民族之間的連繫，鞏固西南邊防，防禦外敵入侵，安定社會秩序，發展生產以及改善藏族人民的基本生活條件等，起到了良好的作用。

一七九五年，乾隆皇帝退位，以太上皇的身分接受出家戒和比丘戒，命畫工畫了他身著袈裟的藏式唐卡，派專人送到拉薩。一七九八年，八世達賴喇嘛在布達拉宮的三界殊勝寢殿（薩松南傑殿）內專門建造佛龕供奉乾隆皇帝的僧裝畫像，像前還供有「當今皇帝萬歲萬萬歲」的牌位，後來認定十世、十一世、十二世達賴喇嘛的金瓶掣簽儀式即是在這裡舉行的。

一八○四年，八世達賴喇嘛圓寂後，清朝命濟嚨活佛繼續攝政。一八○七

▲ 清朝乾隆皇帝賜給八世達賴喇嘛的
　皇帝本人畫像

▲ 在布達拉宮供放的「當今皇帝萬歲萬萬歲」牌位

年，攝政及廣大僧俗向駐藏大臣請求，說尋訪到的在四川鄧柯地方出生的靈童確係「第八世達賴喇嘛轉世，請奏明皇上，免於金瓶掣簽」，經駐藏大臣奏請，以皇帝批准免予金瓶掣簽的方式認定了九世達賴喇嘛隆多嘉措（1805-1815），並於一八〇八年在布達拉宮坐床。一八一一年，攝政濟嚨活佛去世，清朝任命七世第穆活佛任攝政。一八一五年，九世達賴喇嘛圓寂，年僅十歲。一八一八年，攝政等人仍通過駐藏大臣轉奏，請求免予金瓶掣簽認定他們在裡塘尋訪到的靈童為達賴喇嘛的轉世，被嘉慶皇帝駁回，駐藏大臣也因此受到申斥。按嘉慶皇帝的命令，另外再尋訪兩名靈童，與裡塘的靈童一起，在一八二二年舉行金瓶掣簽，認定了裡塘出生的靈童為十世達賴喇嘛楚臣嘉措（1816-1837），並舉行坐床典禮。因七世第穆活佛在一八一八年去世，清朝命出生於甘南，在雍和宮任堪布的二世策墨林活佛出任攝政。一八三〇年，駐藏大臣與科會同十世達賴喇嘛和攝政，派噶倫夏扎等人清查人員，對各個宗溪的戶口、

差稅、封地文書、免役執照等進行審核清查，編寫成清冊，呈報達賴喇嘛和駐藏大臣審批後，下發各宗溪遵照執行。這是清代西藏規模最大、最徹底的一次土地差稅清查。一八三七年，十世達賴喇嘛圓寂，由攝政策墨林活佛組織尋訪轉世靈童，並在一八四一年舉行金瓶掣簽認定了十一世達賴喇嘛凱珠嘉措（1838-1855）。就在同一年，西藏軍民還擊敗了得到英國殖民主義者支持的森巴軍隊對阿里的入侵。當時占據了拉達克地方的印度錫克族森巴人大頭目倭色爾帶兵侵占藏境，奪據達壩噶爾及雜仁、補仁三處營寨。駐藏大臣孟保先命噶倫才丹多吉和代本比喜領兵一千三百人前往清剿，後又派藏族官兵五百名日夜兼程去增援，先後擊斃包括倭色爾在內的森巴軍官四十餘人，殲滅敵兵二百餘人，俘虜八百餘人。拉達克頭人及部落酋長紛紛獻上兵器，達壩噶爾等地營寨及土地一千七百餘里被收復，邊境肅清。這是繼反擊廓爾喀兩次入侵後，在駐藏大臣的主持下取得的又一次軍事勝利。

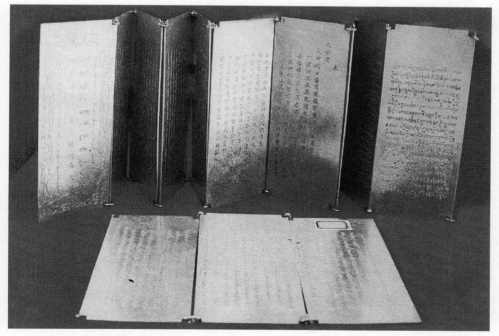

▲ 清帝賜十一世達賴喇嘛的金冊

第七章

清朝後期
的西藏

一八四〇年發生的鴉片戰爭，使中國歷史進入近代史時期。總的特點是，帝國主義列強侵略中國，使中國逐步淪為半殖民地半封建社會，中國各族人民進行了英勇的反帝愛國鬥爭，而清朝封建統治階級為維護他們的統治，對外妥協投降，對內鎮壓人民的反抗。西藏近代史也具有相同的特點。

二世策墨林活佛任攝政二十多年，權勢很重，同時也與西藏僧俗產生了一些矛盾。一八四四年，七世班禪等僧俗上層控告他貪贓受賄、勒索百姓，並有暗害九世達賴喇嘛、十世達賴喇嘛和虐待十一世達賴喇嘛的嫌疑，清朝命駐藏大臣琦善查辦。琦善即是在鴉片戰爭中昏庸誤國，在廣州向英國侵略者妥協的投降派主要人物之一，曾被革職，後來又被派到西藏任駐藏大臣。經琦善奏准，二世策墨林被撤職關押，曾被色拉寺僧人搶出，圖謀翻案未成，後被押送回甘南居住。琦善隨即請七世班禪出任攝政，七世班禪在拉薩擔任代理攝政七個多月，即辭職返回扎什倫布寺。清朝隨後任命三世熱振活佛阿旺意希楚臣堅贊（錫德桑丹林）擔任攝政。

此後，西藏地方的僧俗上層之間的矛盾接連不斷。一八五五年，攝政熱振活佛和噶倫夏扎·旺秋傑波等控告第穆活佛不守清規，經駐藏大臣奏准將第穆活佛押往後藏宗喀監管。當時，尼泊爾在英國的支持下再次派兵入侵後藏，雖然西藏軍民進行了英勇抵抗，但清朝政府正忙於鎮壓太平天國，一八五六年，在駐藏大臣赫特賀的主持下，由西藏地方和尼泊爾簽訂了損害西藏地方利益的協議。此後不久，夏扎·旺秋傑波又和熱振活佛發生矛盾，夏扎等人對攝政的權力提出挑戰，但是熱振活佛取得了勝利，夏扎·旺秋傑波被免職並關押在尼木莊園，後被允許在自己的莊園中剃法修行。一八五六和一八五八年，通過金瓶掣簽確定了八世班禪和十二世達賴喇嘛。一八六二年初，夏扎和甘丹寺、哲蚌寺的一些上層僧人合謀，借發放布施的一些問題，鼓動兩寺的僧人發動暴亂。駐藏大臣滿慶偏袒暴亂者，攝政熱振活佛攜帶印信逃出拉薩，到北京告狀。駐藏大臣滿慶將夏扎·旺秋傑波請出，以協助辦理商上事務的名義掌握攝政的職權。清朝一面批准滿慶的奏請，一面派人進藏查辦。但當時道路不通，

▲ 清朝頒布的《欽定大清會典圖》

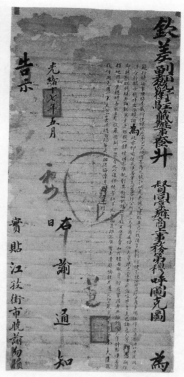

▲ 駐藏大臣昇泰、第穆呼圖克圖為
「曉諭銀錢流通事」發布的文告

拖了很久，此事也沒有結果。一八六三年二月，熱振活佛在北京去世。一八六四年，夏扎・旺秋傑波去世，這一場統治集團的內部鬥爭就此不了了之。一八六六年，清朝任命擔任過甘丹赤巴和達賴喇嘛經師的四川打箭爐地方出生的高僧羅布藏青饒汪曲擔任攝政，賜給諾門汗和呼圖克圖名號，此即一世德柱活佛。一八七一年，西藏又發生動亂，曾幫助夏扎・旺秋傑波上台的甘丹寺僧人（後任基巧堪布）班墊登珠糾集部分僧俗官員和甘丹寺僧人，殺死多名僧俗官員，企圖逼迫攝政德柱活佛下台，並廢黜十二世達賴喇嘛。事情敗露後，班墊登珠等逃往甘丹寺，攝政與駐藏大臣調集數千軍隊，圍攻甘丹寺，班墊登珠戰敗後逃跑，在途中被殺。一八七二年，攝政德柱活佛去世，十二世達賴喇嘛親

政，不到三個月就去世了。清朝任命濟嚨活佛阿旺貝丹曲吉堅贊為攝政。一八
七六年，他主持尋訪達賴喇嘛轉世靈童，並通過駐藏大臣奏准免予金瓶掣簽，
認定了十三世達賴喇嘛。一八八二年，八世班禪去世。一八八六年，攝政濟嚨
活佛去世，根據僧俗大眾的推薦，清朝任命八世第穆活佛阿旺洛桑赤列饒傑為
攝政。一八八八年，通過金瓶掣簽認定了九世班禪。一八九四年，十三世達賴

▲ 十三世達賴喇嘛赴京覲見慈禧太后（壁畫）。

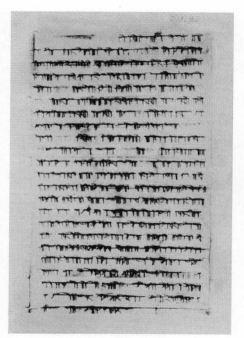

▲ 十三世達賴喇嘛呈給光緒皇帝的奏書

▲ 清朝皇帝賜給十三世達賴喇嘛的法螺

喇嘛已經十九歲，攝政第穆活佛辭去攝政職務，由達賴喇嘛親政。一八九九年，又發生了達賴喇嘛和卸任攝政的親信之間的鬥爭，即「第穆妖鞋」事件，第穆活佛及其親信被捕，第穆活佛死在監獄中，丹吉林的莊園、寺廟和屬民都被沒收，並不准尋訪其轉世。

第八章

西藏人民反抗
英國侵略的鬥爭

從鴉片戰爭到辛亥革命的這一時期，西藏曆史的另一個重要內容是英國和俄國帝國主義勢力對西藏的侵略。帝國主義的侵略活動大致可以分為幾個階段：

一、早期西方傳教士的活動開始於明朝末年。一六二四年，葡萄牙教士到阿里古格，曾建立天主教教堂。一六二七年，有葡萄牙教士到日喀則活動。一七一五年，又有傳教士德悉德利等到拉薩進行傳教活動。一七四五年，清朝下令把在拉薩的外國傳教士遣送出境。雖然這些傳教士在西藏活動的直接目的多數是傳播基督教，但是他們收集西藏的自然地理和社會情況，並把這些情報資料送回西方國家，為後來西方帝國主義國家的擴張和侵略作了前期準備，成為西方殖民侵略政策的先鋒。

二、英國殖民主義者進入南亞次大陸比葡萄牙人和法國人晚，但是他們後來居上，打敗了葡萄牙人和法國人，侵占印度各小邦的領土，成為在印度的最主要的侵略勢力。英國早期在印度的侵略活動是以東印度公司的名義進行的。一七六四年，東印度公司征服孟加拉以後，侵略的矛頭指向喜馬拉雅山南麓的不丹、錫金、尼泊爾等國，同時英國東印度公司力圖以商業貿易的名義進入西藏，與英國在中國東南海洋上的活動相配合，進一步從西面開展對華貿易。一七七〇年，東印度公司利用不丹屬下的庫赤貝哈爾的內亂，吞併庫赤貝哈爾，並與不丹發生衝突，不丹向六世班禪求救，六世班禪派人前去調解。一七七四年，東印度公司派遣波格爾等到日喀則會見六世班禪，企圖與西藏建立通商關係，並要六世班禪介紹他去拉薩和北京，這些要求都被六世班禪拒絕。一七九三年，英國派馬嘎爾尼為特使，帶著英國國王的書信到熱河見乾隆皇帝，要求和中國擴大通商等，他在熱河見到從西藏回京的福康安，還向他打聽西藏和尼泊爾的情況，馬嘎爾尼並沒有達到目的。之後，英國東印度公司改變了策略，決定先把勢力伸到尼泊爾、錫金、不丹等國，強迫他們接受英國的「保護」，並通過他們向西藏傾銷英國的商品。一八一四年，東印度公司利用廓爾喀王室爭奪王位的鬥爭和尼印邊界的領土糾紛，發動了對尼泊爾的侵略戰爭。當時尼

泊爾曾派人到西藏，通過駐藏大臣向清朝請求援助，並指出英國侵略尼泊爾的最終目的是為了打通侵略西藏的道路，一旦尼泊爾失敗，不僅尼泊爾再也不能向清朝貢獻方物，西藏的安全也會受到嚴重的威脅。可是清朝政府把英印對尼泊爾的侵略依然看作是境外的「蠻夷之爭」，認為尼泊爾人在危言聳聽，只是為了爭取中國的援助，不願勞師遠征。嘉慶皇帝派四川總督賽沖阿帶兵進藏，但賽沖阿仿照福康安的先例向英印和尼泊爾發出文書，要雙方罷兵，受到皇帝的斥責。駐藏大臣也奉命對尼泊爾的求援加以駁斥。一八一六年，尼泊爾在戰敗後和英印簽訂條約，英印不但占領了尼泊爾的部分土地，而且規定尼泊爾和錫金的爭端由英印來仲裁，這就為英印侵略錫金提供機會。一八一七年，英印又和錫金訂約，將其從尼泊爾手中奪得的原屬錫金的兩塊地方交還錫金，以此為誘餌，使錫金接受英印的「保護」。一八三五年，東印度公司從錫金「租借」了大吉嶺，一八六一年，英印又強占了錫金南部大片地方。他們還把鐵路修到大吉嶺，在附近山地推廣種茶，以便長期經營。一八六四年，英印又出兵攻打不丹，強占了不丹南部的山口地區，又用每年給不丹五萬盧比作為補償，用小恩小惠拉攏不丹的一些貴族頭領。噶倫堡地區就是在這時被英印占領的。英帝國主義由此把它的侵略基地建到了西藏南面的大門口，對西藏形成巨大的威脅。

三、鴉片戰爭以後，英國、法國和俄國等利用與清朝簽訂的不平等條約，派出許多探險家、傳教士，以遊歷的名義從各個方向進入西藏地區活動。英國還派出許多間諜化裝成從印度來的朝佛者，偷偷地帶著測量工具，在西藏測繪地圖，記錄氣象等，偵察西藏的軍事設施。俄國還利用其統治下的蒙古布利亞特地區和西藏的宗教連繫，派遣僧人入藏活動，同時組織探險家進入藏族地區。這些人偵察藏族地區的道路、地形、社會情況，繪製地圖。這些探險家的活動遭到藏族僧俗的強烈反對，他們多次向清朝呈遞公稟，表示堅決反對允許洋人入藏遊歷考察，噶廈還一再命令各地僧俗官員，絕對不准洋人入藏，一經發現，就要全力阻攔，讓他們返回。隨著英國和俄國在亞洲爭霸，英國為鞏固

它在印度的殖民統治，極力把它的勢力範圍擴大到喜馬拉雅山以北。為了達到這個目的，英帝國主義對西藏發動兩次武裝侵略戰爭。

面對英印在喜馬拉雅山南麓擴張所造成的對西藏的嚴重威脅，廣大西藏人民決心進行堅決的抵抗，保衛自己的家園。以十三世達賴喇嘛為首的西藏僧俗上層，從英印侵略錫金、不丹、尼泊爾的事例中看到英印的侵略活動對他們的政治經濟利益和宗教地位的危害，也主張抵抗英印的侵略。一八八四年，西藏地方政府在南部和錫金接界的各個險要路徑上建立哨卡，防止英印派人越界窺探，特別是在則列拉山西南的熱納宗的隆吐山上修建了高大的堡壘砲臺，派二百名藏軍駐守，密切監視英印在錫金的動向。英帝國主義對此千方百計加以阻撓破壞。一八八五年，他們派人以考察商務和礦產為名，從錫金進入崗巴宗，遭到當地官員和軍民的堅決反對，不准他們前進，雙方相持數月，英人不能前進，竟然威脅要派兵「討伐」。英國又向清朝政府施加壓力，要求西藏撤退邊防。他們先是說西藏在隆吐山設防是阻礙通商，後來又向清朝政府發出照會宣稱，隆吐山是在受他們「保護」的錫金的領土之內，要西藏限期撤卡退兵，否則就採取軍事行動。當時的清朝政府在西方帝國主義列強的連續進攻和打擊下，受到英國武力威脅，遂傳令駐藏大臣文碩，讓西藏地方政府撤退在隆吐山的駐軍。清朝的這一命令遭到西藏軍民的堅決抵制，他們給駐藏大臣呈遞公稟指出，熱納宗歷來是西藏的地方，隆吐山在熱納宗東北，當然是西藏的地方。雖然在嘉慶年間因錫金土王的請求，西藏准許錫金牧民在熱納宗的部分草地「通融住牧」，但是熱納宗仍是西藏的地方。西藏人民已下定決心，「誓死抵禦，決無二心」，縱然「戰至男盡女絕」，也絕無反悔。英方理屈詞窮，竟然採取無賴的手段，宣稱隆吐山以北的捻納才是熱納宗，要西藏軍民退到捻納，同時調兵遣將，運送彈藥，準備發動戰爭。一八八八年二月，英軍即對設卡防守隆吐山的藏軍發動突然進攻，藏軍進行了英勇的抵抗，經過幾天的鏖戰，在英軍大炮的猛烈轟擊下，藏軍無法堅持，撤退到納湯，建石牆防守，並調集前後藏民兵上萬人增援前線。清朝政府仍然堅持退讓求和的方針，並在三月將主

張抵抗英印侵略的駐藏大臣文碩撤職，另派昇泰接任駐藏大臣。昇泰到任後，和英軍議和，並阻止藏軍對英軍發動反攻，以致貽誤有利戰機，使英軍可以從容準備再次發起進攻。八月，英軍又對駐守納湯的藏軍發動攻擊，藏軍雖然人數眾多，但是武器裝備落後，實際力量比英軍差很多，藏軍戰敗退回到則

▲ 入侵西藏的英國侵略軍

列拉山。十月，昇泰從拉薩到亞東前線與英印談判議和，清朝的總理各國事務衙門竟然派了一個英國人赫政來做昇泰的翻譯和助手。赫政以「中間人」的面目出現，一面為英方暗送情報，出謀劃策，一面又向昇泰施加壓力，迫使昇泰完全屈服於英方的要求。在談判結束後，一八九〇年二月，清朝派昇泰到印度加爾各答，和英國駐印度的總督蘭斯頓簽訂了《中英會議藏印條約》，不但承認了錫金受英國保護，而且按照英國的要求以則列拉山為界劃分西藏和錫金，使中國失去了從熱納宗到崗巴宗南部的大片土地和牧場。一八九三年，清朝派何長榮為代表到大吉嶺和英方簽訂《中英會議藏印續約》，規定中國開放亞東為商埠，英國在此可以享受治外法權，並規定五年內藏錫邊界進口的貨物概不

納稅。這兩個條約遭到包括西藏人民在內的全中國人民的堅決反對，拉薩三大寺號召西藏人民不同英印貿易，抵制印度茶葉運銷西藏，西藏人民還拆除英印所立的界碑，堅持到分水嶺上自己原來的牧場上放牧，顯示了堅決抗擊英印侵略的勇氣和決心。

通過第一次侵略西藏的戰爭英國取得了許多利益，但並不滿足，積極準備對西藏進行更大規模的侵略。一八九四年中日甲午戰爭中，中國被日本打敗，帝國主義列強掀起瓜分中國的狂潮。一九○○年八國聯軍侵略中國後，英國積極準備再次對西藏發動大規模的侵略戰爭。一九○二年夏天，英國派兵闖入崗巴宗的甲崗地方，拆毀定界的鄂博，驅除守界的藏軍，搶走當地牧民的牛羊。

▲ 西藏崗巴宗堡修築的防禦砲臺

一九〇三年，英國又派兵到崗巴宗挑釁，一直闖到崗巴宗所在地，要求中國派官員到崗巴宗談判，西藏地方政府急忙派出七百名藏軍到崗巴宗布防，並派仲譯欽波、擦絨代本和知府何光燮去崗巴宗談判。

　　一九〇三年十一月，英國調集步兵、騎兵、砲兵三千多人，由麥克唐納少將指揮，以護送政務司榮赫鵬上校去和駐藏大臣談判的名義，偷偷翻越則列拉山，在西藏方面毫無準備的情況下，占領亞東。駐藏大臣裕剛不願前去談判，西藏地方政府急忙調兵到帕裡去防守，並命令各宗的民兵趕往帕裡增援。但是在藏軍趕到之前，英軍搶先於十二月底占領了帕裡。英軍前進到堆納，遇到由萊丁色代本、郎色林代本和吉浦如本指揮的藏軍二千餘人。萊丁色代本等要求英軍退回到亞東再進行談判，榮赫鵬蠻橫地拒絕了這一合理的要求。雙方對峙到一九〇四年的三月，英軍在做好準備後，悍然對西藏軍隊發動進攻。當時藏軍右翼在堆納北面五英里多慶措湖西岸的曲米森谷地方，建了一道矮牆作為防禦工事，左翼在多慶措湖的南岸。榮赫鵬等假意同萊丁色代本等在陣地前對話辯論，以英軍將子彈退出槍膛為偽裝，欺騙藏軍將火繩槍的引火熄滅。榮赫鵬的這一詭計，使藏軍在戰場上處於非常不利的地位。英軍的一部還偷偷包抄到藏軍後面山上，架起機槍。在做好準備後，麥克唐納命令英軍強行解除藏軍武裝，挑起衝突。當英軍搶奪萊丁色代本的槍械時，他奮起還擊，擊斃一名英軍。麥克唐納立即下令英軍開火，以機槍向藏軍密集掃射。藏軍的火繩槍來不及點燃火繩，紛紛倒在英軍的槍彈下，藏軍萊丁色代本、郎色林代本等一千四百多人犧牲，而英軍僅有兩名軍官受傷，傷亡士兵十三名。

　　四月，英軍在康馬附近的薩馬達河谷擊敗藏軍的阻擊後，攻占了江孜宗。榮赫鵬認為勝利在望，只等英國政府批准他的直接打到拉薩迫使西藏軍民屈服的計劃，於是只留下部分英軍駐在年楚河邊的江洛林卡，其餘英軍護送麥克唐納返回亞東，調動增援部隊，以發動更大的軍事行動。在前期作戰失利和駐藏大臣多方阻撓的情況下，西藏軍民抗英的意志仍然堅定不移，除了一再「請大皇帝諭調漢兵、資助軍餉」外，各地民兵仍鬥志高昂地開赴江孜參戰。五月

初，藏軍已有一萬多人布防在日喀則、江孜到浪卡子一線。五月三日，榮赫鵬再次分兵，他自己帶部分英軍留駐江洛林卡，另一部分在布蘭德中校指揮下進攻噶熱拉，擊敗當地藏軍並向浪卡子方向追擊。就在這時，藏軍主力從其他路徑進入江孜，收復了江孜宗宗山城堡、白居寺、曲隆寺等重要據點，藏軍一千多人在黎明前直插江洛林卡。在奇襲英軍取得勝利後，西藏軍民一面包圍英軍的駐地，一面夜以繼日趕修工事，把宗山和白居寺連接成一個整體，決心在這裡和英國侵略軍血戰到底。五月二十四日，英軍在得到增援後，攻打藏軍據守的帕拉村，藏軍打死了英軍的加斯丁大尉，殺傷另外兩名大尉，英軍在付出相當代價後才攻下了帕拉村。六月下旬，榮赫鵬和麥克唐納指揮大隊人馬從亞東開往江孜，並對乃寧寺展開猛攻，藏軍和僧眾憑藉乃寧寺高大的圍牆和殿堂頑強抵抗。英軍用大炮轟開圍牆，炸燬大部分殿堂，然後蜂擁入寺，藏軍和僧眾仍堅守不退，和英軍展開肉搏戰，大部分藏軍壯烈犧牲。最後英軍以傷亡二百多人的代價攻占了乃寧寺——宗喀巴大師和一世、二世達賴喇嘛曾經在此學習修行。他們不僅將乃寧寺洗劫一空，還將不願投降的西藏僧俗綁在經幡旗杆上

▲ 藏族抗英戰士

槍殺，江孜西南與白居寺隔河相望的是另一個著名古寺紫金寺（宗喀巴大師曾在這裡學習和著書立說），也被英軍的炮火摧毀。

七月一日，西藏地方政府派來的宇妥噶倫、仲譯欽波和三大寺代表等在江孜會見榮赫鵬，要求英軍退兵談判。榮赫鵬以西藏代表無適當證明書為藉口拒絕，並要求藏軍在七月五日正午前撤出江孜宗山。榮赫鵬的無理要求當然被西藏軍民拒絕。七月五日下午，英軍對宗山發起全面進攻，猛烈炮轟宗山城堡，然後以步兵衝鋒。藏軍多次打退了英軍的進攻，最後由於城堡中

▲ 江孜人民抗擊英軍入侵用的砲臺

的火藥庫被砲彈擊中爆炸，藏軍彈盡糧絕，山上又沒有飲水，藏軍不得不撤退到白居寺，英軍又攻打白居寺，給白居寺也造成重大破壞。五月到七月的江孜保衛戰，顯示了西藏軍民英勇無畏和頑強不屈的精神，以及反抗英帝國主義侵略的堅強決心，在西藏歷史上寫下了光輝的一頁，值得永遠懷念和尊敬。

江孜戰役以後，英軍又向拉薩進發。這時西藏抗英鬥爭的形勢發生了變化，有領導有組織的武裝抵抗已接近尾聲，西藏地方政府中妥協投降派的勢力抬頭，噶廈政府迫於他們的壓力，向西藏軍民發出了停止抵抗的命令，並派出噶倫等僧俗官員為談判代表，要求與英軍在途中談判，勸阻英軍不要進入拉薩。但是此時的榮赫鵬，完全撕下他作為與駐藏大臣和西藏代表就通商和邊界問題進行談判的「和平使節」身分的偽裝，根本不理睬西藏方面發出的和談呼籲，一心要打到拉薩。七月三十一日，英軍在曲水渡過雅魯藏布江，在這緊急

▲ 英國侵略軍侵入拉薩城。

關頭，十三世達賴喇嘛帶領少數隨從逃離拉薩，翻越唐古拉山，經柴達木盆地和安西，前往外蒙古。達賴喇嘛行前任命甘丹赤巴洛桑堅贊為代理攝政，由噶倫和三大寺代表等輔助辦理政務。八月三日，英軍占領了拉薩。在十三世達賴喇嘛離開拉薩後，按照駐藏大臣有泰的奏請，清朝政府宣布將達賴喇嘛的名號「暫行革去」。

在英軍攻打拉薩的問題上，榮赫鵬和英印總督寇松等人與英國政府之間存在著分歧。寇松最早的計劃企圖改變西藏是中國的一部分的地位，把西藏變為英國控制下的中英和英俄之間的「緩衝國」，實際上是要使西藏成為英印北上的基地，宣稱「一旦我們得以進入西藏，並獲得使俄國的勢力陷於困境的影響，我們就能扭轉給印度帶來危險的政治局面，就能使我們處於一個可以利用難以跨越的羌塘高原作為我們和俄國未來可能的疆界之間壁障的地位，就可能阻止俄、法勢力穿越亞洲結合的可能性。而另一方面，我們將處於一個支持我們進取四川和連接我們（在中國的）東西方勢力的地位」。出於保證英國在印

▲ 英國侵略軍指揮官榮赫鵬（左）和麥克唐納

度的殖民統治，與俄國爭霸，進一步侵略中國的目的，寇松和榮赫鵬主張採取一切可能的卑鄙手段對中國的西藏地方發動武裝侵略。而英國政府在歐洲正面臨德國的威脅，需要爭取俄國加入反德同盟，以及考慮到與沙皇俄國在亞洲劃分勢力範圍的問題，顧忌俄國和法國的反對，同時顧慮西藏人民的抵抗會使英軍在西藏高原難以脫身，因此一開始對寇松和榮赫鵬的計劃態度並不積極。寇松和榮赫鵬玩弄陰謀，一開始只要求英國內閣同意派兵到邊境迫使西藏地方與之談判，然後破壞談判，要求英國政府批准他們打到江孜進行談判，打到江孜後又利用俄國和日本在中國東北發生戰爭，而俄國眼看就要失敗的時機，促使英國政府同意他們打到拉薩。英國政府批准了進軍到拉薩的計劃，但規定英軍必須在九月內退回。當然，在對亞洲進行侵略擴張這一總方針上，英國內閣和寇松、榮赫鵬等人的觀點是一致的，他們的分歧只是表現在具體作法上，因此寇松和榮赫鵬的計劃總是能夠得到英國內閣的「不那麼情願的」的批准。

榮赫鵬帶兵到拉薩後，在駐藏大臣有泰和尼泊爾在拉薩代表的配合下，才

最終能夠和以代理攝政洛桑堅贊為首的西藏地方政府代表進行談判。一九〇四年九月七日，榮赫鵬和洛桑堅贊等人在布達拉宮簽署了《拉薩條約》，該條約是榮赫鵬事先炮製好的，共有十條，其主要內容是：一、除了已開的亞東商埠外，增開江孜、噶大克為商埠，英國在這兩地享有同樣特權。二、分期付給英國軍事賠款五十萬英鎊（後來新任英印總督俺士爾將賠款減為十七萬英鎊，合二百五十萬印度盧比）。三、邊界至江孜、拉薩通道上的炮臺要塞一律削平。四、非經英國政府同意，不得將土地讓賣租借於其他國家，西藏事務不得讓其他國家干預，鐵路、道路、電線、礦產等項權利不許其他國家享受。在簽訂《拉薩條約》的過程中，駐藏大臣有泰執行清朝政府對外屈膝投降的方針，壓服西藏官員簽約。有泰沒有簽字，他只是和榮赫鵬交換了一個照會，說明條約中所說的非經英國同意不得在西藏享有權利的「任何外國」，不包括中國在內，中國商民仍可以到江孜、亞東、噶大克商埠經商貿易。清朝外務部在看到《拉薩條約》的草約後，也立即指示有泰不得畫押，並向英方聲明，所有條款應由清朝政府和英國商議後才能審核，西藏答應的賠款由清朝政府支付。俄國和法國也對《拉薩條約》提出反對意見。

西藏是中國領土的一部分，有關西藏的國際條約，不經過當時清朝中央政府的同意並簽署，自然是不合法和無效的。英軍於九月二十三日撤出拉薩，榮赫鵬企圖引誘有泰和英軍一起到亞東去，在那裡當面畫押。有泰當時已接到清朝的指示，沒有同意。一九〇四年底，英國內閣更迭，新內閣同意和清朝重新商議修改條約。一九〇五年一月，清朝派外務部右侍郎唐紹儀、參贊張蔭棠等，在印度的加爾各答和英方專使費夏利等談判改約。寇松雖然不再是英印總督，仍在會外操縱英方代表，在會上提出中國對西藏只有「宗主權」，並想將此寫入條約，自然遭到清朝代表的堅決反對，談判陷入僵局。英國還力圖利用西藏地方統治集團和清朝的一些矛盾，在西藏上層集團內部收買和培植代理人。它利用其王子訪印的機會，威脅、利誘九世班禪到印度會見，企圖拉攏班禪代替出走的達賴喇嘛與英方合作，由於張蔭棠等官員在印度對九世班禪的爭

取教育，當英方要九世班禪向英國王子跪拜時，九世班禪向英方申明「我只在（清朝）大皇帝前跪拜，其餘不行」。一九○六年，中英在北京重開談判，並在四月二十七日簽署《中英續訂藏印條約》，其第二款規定「英國國家應允不占並藏境及不干涉西藏一切政治，中國國家亦應允不准其他外國干涉藏境及其一切政治」，並把《拉薩條約》作為附約列於其後。這個《北京條約》排除了《拉薩條約》將中國暗列為「外國」的含義，明確英國屬於外國，中國擔負起不准其他外國干涉西藏的責任，這表明英國政府在各方壓力下，也不得不在事實上承認中國對西藏的主權，西藏地方的外交事務必須通過中國中央政府。一九○七年八月，英國和俄國達成了關於波斯、阿富汗、中國西藏的三個協議。按照協議，英、俄在保留他們各自在西藏的「特殊利益」的同時，雙方承諾「只通過中國政府同西藏進行交往」，從而把西藏作為一個中國管轄下的英俄勢力範圍的隔離地帶。在沒有中國參加的情況下，英國說服俄國將中國對西藏只有「宗主權」的提法寫進他們的協議，說明英國對西藏的侵略計劃並沒有停止，準備在新的形勢下繼續推行。

經過兩次英國侵略西藏的戰爭，朝野上下對清朝政府的妥協退讓方針和駐藏大臣在戰爭中的表現強烈不滿，紛紛提出責問，清朝政府也看到了在列強爭奪下西藏問題的嚴重性，為了鞏固在西藏的統治，保住西南的屏障，一九○六年四月，清朝派遣張蔭棠以駐藏幫辦大臣的身分入藏「查辦藏事」，他是清代上百個駐藏大臣中唯一一個漢族出身的人。他到拉薩後，經過調查，向清朝政府參劾了駐藏大臣有泰等十幾個藏滿漢官員，他們昏庸誤國、貪污腐化，在西藏人民抗英鬥爭中負有「坐誤事機」的罪責。清朝政府下令將有泰等人革職查辦，噶倫平措旺丹也被撤職查辦。西藏僧俗上下民氣大振。西藏各界人民交口稱讚張蔭棠為西藏清除時弊，嚴肅法紀，讚賞他懲辦貪官的勇氣和行動。張蔭棠還根據西藏當時外有強敵侵略，內部民生凋敝的情況，決心實行政治經濟改革措施，訓練軍隊，變法圖強。一九○七年一月，他向清朝外務部提出治藏大綱二十四款，得到清朝政府的採納，作為革新西藏政務的基礎。他命令噶廈政

府設立了交涉、巡警、督練（練兵）、鹽茶（種茶、運茶、收鹽稅）、財政（設銀行、鑄新幣）、工商、路礦（修路、開礦）、學務（開設學校）、農務（開墾土地、改良畜種）等九個局，作為推行新政的常設機構。他還編寫了《訓俗淺言》和《藏俗改良》兩本小冊子，譯成藏文散發各地，他還到大昭寺去對僧俗大眾講解英國對西藏的侵略和推行新政變法圖強的重要性，在僧俗大眾中留下了深刻的影響，受到西藏人民的讚揚。後來，張蔭棠的積極治理藏政受到繼任的駐藏大臣聯豫的猜忌，清朝政府也認為他的言行偏激不合時宜，在一九○七年五月調他到印度西姆拉，和英國代表商談江孜開埠事宜，張蔭棠在西藏推行新政的任務改由聯豫來執行。聯豫首先奏請撤銷駐藏幫辦大臣，在駐藏大臣之下設左右參贊各一人作為輔助，將權力集中於駐藏大臣。

十三世達賴喇嘛出走外蒙古，本來是受他身邊的布利亞特蒙古僧人德爾智等人的鼓動，想取得俄國的幫助繼續抗英。但此時俄國剛被日本打敗，無力提供實質的援助，這使得十三世達賴喇嘛只能仍然寄希望於清朝。一九○六年，在清朝的要求下，他從庫倫啟程返藏，由於清朝在西藏推行新政和在四川藏區實行改土歸流，途經塔爾寺時便停留暫住。一九○七年十一月，清朝批准十三世達賴喇嘛進京朝覲的要求，他經蘭州、西安，於一九○八年一月到五台山朝禮，等候進京。九月底，十三世達賴喇嘛從五台山到北京，慈禧太后和光緒皇帝幾次接見和宴請他，賜給金冊金印，恢復了他的達賴喇嘛名號，加封他為「誠順贊化西天大善自在佛」，但是清朝沒有批准達賴喇嘛不經過駐藏大臣直接向皇帝上奏的請求，又使他深感不滿。在這期間，英國公使專門拜會了達賴喇嘛，還派了熟悉西藏情況的駐江孜商務專員鄂康諾帶著錫金王子到北京，參加英國公使和達賴喇嘛的會見，對達賴喇嘛竭力拉攏，而達賴喇嘛對英國的態度也有了重大改變，想與英國改善關係。慈禧太后和光緒皇帝去世後，十三世達賴喇嘛即於一九○八年底離京返藏。

清朝在康區實行改土歸流並派遣川軍入藏，威脅到西藏僧俗上層的政治和經濟利益，引發清政府與以達賴喇嘛為首的西藏部分僧俗上層的矛盾，這促使

▲ 十三世達賴喇嘛畫像

十三世達賴喇嘛從堅決抗英轉變為依靠英國的支持來保住自己的統治權力和利益。還在返藏途中，他就命令倫欽夏扎班覺多吉調集藏軍和民兵阻擊川軍進藏，並請英國公使出面向清朝政府施壓停止川軍入藏。一九〇九年十一月，十三世達賴喇嘛回到拉薩，首先正式任命親英派貴族夏扎班覺多吉等三人為倫欽，執掌大權。一九一〇年二月，由鐘穎率領的川軍到達拉薩，隨即與藏軍發生零星衝突，這使本來就與駐藏大臣聯豫關係緊張的十三世達賴喇嘛坐臥不安，立即命令策墨林活佛為攝政，留守拉薩，自己帶領倫欽夏扎等少數官員逃走。聯豫派兵追趕，在曲水遭藏軍阻擊，沒有追上。二月底，十三世達賴喇嘛經亞東到達印度大吉嶺。清朝根據駐藏大臣聯豫的奏請，再次革去十三世達賴喇嘛的名號，而英國則對他熱情接待，安排他遊覽印度各地，在大吉嶺為他提供住所和生活用品。讓十三世達賴喇嘛在大吉嶺設立噶廈，和拉薩的西藏地方政府官員保持連繫，遙控西藏的事態發展。英國雖然表面上宣稱不干涉西藏事務，保持中立，實際上卻利用十三世達賴喇嘛逃到印度的形勢，為進一步侵略西藏加緊做準備。

第九章

民國時期
的西藏

一九一一年十月十日，辛亥革命爆發，清朝被推翻，結束了在中國實行二千多年的帝制，建立了中華民國。一九一二年一月一日，孫中山在南京就任中華民國臨時大總統，在就職宣言中強調：「國家之本，在於人民，合漢、滿、蒙、回、藏諸地為一國，則合漢、滿、蒙、回、藏諸族為一人，是曰民族之統一。」三月，孫中山主持制定並公布了具有臨時憲法性質的《中華民國臨時約法》，其中明文規定：「中華民國領土，為二十二行省、內外蒙古、西藏、青海。」而且還規定民國政府參議院議員產生辦法，西藏也與各省、內外蒙古一樣，選派五名代表參加，代表選派方法由地方自定。四月，袁世凱就任大總統，在總統令中宣布「凡蒙藏回疆各地方，同為我中華民國領土，則蒙藏回疆各民族即同為我中華民國國民」，並在北京的民國中央政府中設立蒙藏事務局。此後，中華民國的憲法中一直明確記載，西藏是中國領土，西藏是中國的一部分。十月，十三世達賴喇嘛從印度寫信給蒙藏事務局總裁貢桑諾爾布，說「意欲維持佛教，請轉呈妥商」，袁世凱即下令恢復他的達賴喇嘛名號，復封為「誠順贊化西天大善自在佛」，並派人前往印度冊封，因英印阻攔而未果。

在辛亥革命發生後，英帝國主義者立即利用西藏的混亂形勢進行挑撥離間。英印總督明托趕到大吉嶺和十三世達賴喇嘛商談，向十三世達賴喇嘛提供武器和經費，由十三世達賴喇嘛派其親信達桑占東等人返回西藏，迅速組織起上萬民兵，圍攻在拉薩、日喀則、江孜等地的川軍，同時下令全藏僧俗，不准與漢人新政府來往，斷絕川軍和漢人官員的糧草供應。一九一二年夏天，四川和雲南兩省曾發兵援救在藏川軍，已經打到江達地方。由於英國出面干涉，向袁世凱施加壓力，袁世凱命令四川、雲南兩省部隊停止進兵。辛亥革命後，在藏川軍內部已經分為幾派，爭鬥不止，加上孤立無援，逐步陷入彈盡糧絕的絕境。後來，由尼泊爾駐拉薩的代表出面作調解人，鐘穎等人和十三世達賴喇嘛派來的倫欽強欽巴談判達成停火辦法，川軍將槍枝彈藥交出，由尼泊爾和英國的官員負責其安全，從江孜、亞東經印度由海路返回內地。一九一二年十二月底，聯豫、鐘穎等官員和在藏的川軍全部離開了西藏。一九一二年十二月中

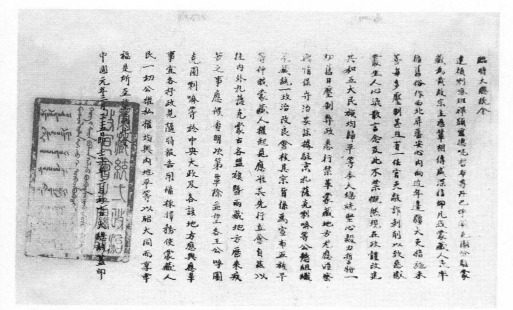

▲ 中華民國臨時大總統為成立「蒙藏統一政治改良會」事發布命令。

旬，十三世達賴喇嘛回到拉薩，立即懲辦在戰鬥中支持過駐藏大臣和川軍的第
穆活佛駐錫地丹吉林寺的僧人，一些哲蚌寺的僧人和貴族也因支持過川軍而受
到懲罰。在反對川軍戰鬥中的有功人員則得到提拔，達桑占東被封為扎薩，繼
承被殺的親漢派擦絨噶倫的貴族地位。達賴喇嘛又召集西藏地方頭人代表開
會，徵求對西藏今後應採取方針的意見，結果仍有很多人，特別是下層的僧俗
群眾不贊成西藏地方與中央政府斷絕連繫。加之，四川、雲南兩省派出的軍隊
就在工布江達以東地區駐紮，達賴喇嘛受到種種制約，在與中央的關係上徘徊
猶豫，不敢下決心去實行完全脫離中國的「西藏獨立」。

英國自然不願意看到它極力推動的「西藏獨立」停頓下來，通過阻撓中央
政府和西藏地方的直接接觸、不承認民國政府、不提供貸款等手段對中國政府
施加壓力，策劃召開「三方談判」。一九一三年十月十三日，所謂的中英藏
「三方會議」在印度的西姆拉召開，會議一開始，英國就唆使倫欽夏扎提出
「西藏獨立，西藏不能承認一九〇六年的中英條約」、「西藏的範圍包括崑崙山

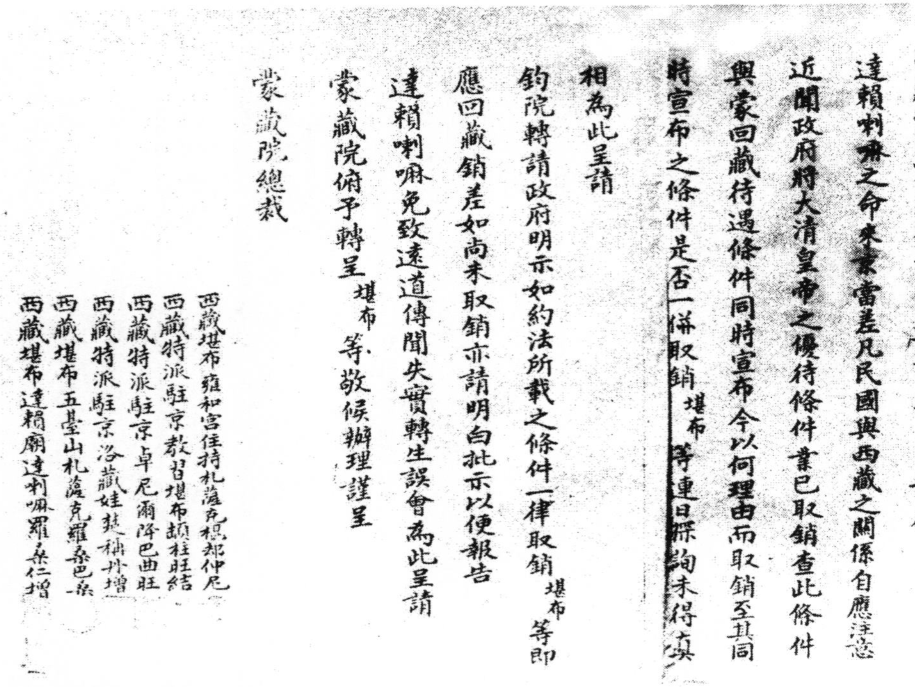

西藏特派駐京堪布等為呈請事寫 堪布 等奉
達賴剌嘛之命來電當差凡民國與西藏之關係自應注意
近聞政府將大清皇帝之優待條件業已取銷查此條件
與蒙回藏待遇條件同時宣布令以何理由而取銷至其同
特宣布之條件是否一律取銷堪布等連日探詢未得真
相為此呈請
鈞院轉請政府明示如約法所載之條件一律取銷堪布等即
應回藏銷差如尚未取銷亦請明白批示以便報告
達賴喇嘛免致遠道傳聞失實轉生誤會為此呈請
蒙藏院俯予轉呈堪布 等敬候辦理謹呈
蒙藏院總裁

西藏堪布雍和宮住持扎薩克想郡仲尼
西藏特派駐京教習堪布頗桂旺結
西藏特派駐京卓尼爾降巴曲旺
西藏特派駐京洛藏娃珠祖丹增
西藏堪布五臺山札薩克羅桑巴桑
西藏堪布達賴廟造剌嘛羅桑仁增

▲ 駐京堪布給國民政府的呈文

與安定塔以南的新疆部分、青海全部、甘肅與四川的西部、打箭爐及雲南西北部的阿墩子」、「華官華兵不准入藏，華商入藏須領有西藏政府發給之護照」等無理要求。在中央代表據理駁斥並提出「訂明西藏為中國領土完全之一部分」、「中國可派駐藏長官駐拉薩」等條件後，英國代表麥克馬洪和顧問柏爾竟然以支持和幫助西藏反對中國、取得「獨立」為誘餌，哄騙和逼迫倫欽夏扎進行私下交易，在麥克馬洪所提供的印度和西藏分界地圖上畫押，製造了所謂的「麥克馬洪線」，將一直屬於中國西藏管轄的九萬多平方公里的土地劃給英屬印度。這筆骯髒的交易英國方面多年不敢公開，幾十年後才悄悄塞進英國出版的地圖中，而倫欽夏扎也不敢正式報告十三世達賴喇嘛，西藏地方政府也沒有批准過這一非法的領土交易。在這一系列陰謀之後，英國代表又以調解人的面目出現，在會議上提出了一個所謂的「折中方案」，把整個藏族地區劃分為

內、外藏，外藏包括阿里、衛藏和大部分康區，而其餘藏區為內藏，中國在內藏享有若干主權，外藏實行自治，中國只有名義上的「宗主權」。在英國代表的恫嚇、威脅下，一九一四年四月，中國代表陳貽范在草約上劃了押，並聲稱這只是草簽，需中國政府批准才能正式簽字，但是全國各界民眾強烈反對這一草約，袁世凱政府也不敢批准這一條約，中國代表沒有在條約的正式文本上簽字，並聲明中國絕不承認這一條約。當年七月，因第一次世界大戰在歐洲爆發，英國無力東顧，西姆拉會議宣布無限期休會，英帝國主義的陰謀以破產告終。所謂的「西姆拉條約」沒有任何法律效力，就連英國政府也沒有正式公布過這一條約。二十多年後，即一九三八年，在英印政府的「外務大臣」編纂的一本英印政府條約集中，「西姆拉條約」被悄悄塞進去，而「麥克馬洪線」地圖也仍然不敢收入其中，直到一九六〇年，「麥克馬洪線」地圖才由印度在地圖集中收入，可見英印政府自身對這個非法的條約和地圖也頗感理虧心虛。

英國的侵略陰謀在西姆拉會議上沒有得逞，英國又唆使西藏地方當局擴充軍備，向西藏提供新式武器裝備，並在江孜設立軍官訓練學校，幫助藏軍培訓軍官。在英帝國主義和西藏上層分裂勢力的操縱下，在抗英戰爭中曾英勇反抗英國侵略的藏軍蛻變成為英帝國主義和分裂勢力服務的武裝力量。一九一七年、一九二〇年和一九二二年，藏軍幾次向駐守康區的川軍發動大規模進攻，占領了康區大部分地區，直到金沙江以東的德格、甘孜等地。一九三一年，藏軍又向青海玉樹地區發動進攻，被青海軍隊打敗，四川軍隊也發動反攻，藏軍退回到金沙江以西。一九三二年，雙方簽訂停戰協議，以金沙江為界停止戰鬥，等候中央與西藏當局談判解決。早在一九二〇年，英國人柏爾到拉薩，鼓動十三世達賴喇嘛把藏軍擴充到一萬五千人，並成立警察局，聘請英國教官訓練警察。西藏地方當局加重人民負擔的措施激起僧俗大眾的強烈不滿，當時盛傳三大寺僧人要打死英國人柏爾，達賴喇嘛派兵鎮壓，引起藏軍和哲蚌寺的衝突，柏爾不得不離開拉薩。一九二三年，因為增加差稅問題，噶廈和扎什倫布寺方面發生矛盾，格魯派的重要領袖九世班禪被迫逃離西藏，經青海、甘肅到

達北京，這些都充分說明，分裂勢力以武力實現「西藏獨立」的戰爭在西藏也不得人心。

　　儘管英國利用辛亥革命後西藏的混亂局勢策動「西藏獨立」，但是歷史形成的西藏和祖國的血肉連繫誰也無法割斷。一九一九年，甘肅省按中央指示派專員朱繡等入藏會見十三世達賴喇嘛，達賴喇嘛表示：「余親英非出本心，因欽差逼迫過甚，不得已而為之，此次貴代表等來藏，余甚感激，惟望大總統從速特派全權代表，解決懸案。余誓傾心向內，同謀五族幸福。至西姆拉會議草案，亦可修改。」一九二一年，他又派親信堪布貢覺仲尼等人到北京雍和宮任職。一九二九年國民黨在南京建立國民政府，九世班禪在南京設立了辦事處。十三世達賴喇嘛即派貢覺仲尼等到南京，將達賴喇嘛的信交給國民政府，表示希望恢復與中央的連繫。國民政府派貢覺仲尼帶蔣介石的親筆信進藏，並就西藏和中央的關係問題徵詢達賴喇嘛的意見。一九三〇年，貢覺仲尼帶著十三世達賴喇嘛的覆信返回南京。達賴喇嘛任命貢覺仲尼為西藏駐京總代表，一九三一年設立了達賴喇嘛駐京辦事處，成為西藏地方與中央連繫的正式機構。當年，國民政府在南京召開國民會議，制定訓政時期約法，邀請西藏派代表參加會議。在代表名額問題上，達賴喇嘛和班禪大師雙方又發生了爭執，達賴喇嘛方面要求西藏代表全由達賴喇嘛派出，班禪方面要求平均分配，經蒙藏委員會調解，達賴喇嘛方面以貢覺仲尼等六人為代表，楚臣尼瑪等三人為列席代表，班禪方面以洛桑楚臣等四人為代表，邵章等五人為列席代表出席了會議。九世班禪也到南京參加了國民會議，還在南京新亞細亞學會第三次會員大會上作了題為《西藏是中國的領土》的重要演講，不僅以歷史事實肯定西藏是中國的領土，而且希望西藏地方政府早日恢復與中央的正常隸屬關係，中國境內的各民族團結起來，共同抵抗帝國主義的侵略。七月，國民政府冊封九世班禪為「護國宣化廣慧大師」，並頒給玉冊玉印。一九三二年十二月，國民政府邀請九世班禪再次到南京，正式任命他為「西陲宣化使」，商討西藏事務和班禪返藏問題。一九三三年四月，九世班禪派安欽活佛等到拉薩會見達賴喇嘛，達賴喇嘛

▲ 一九三一年，國民政府冊封九世班禪
「護國宣化廣慧大師」之印

▶ 九世班禪（右）赴南京與國民政府官員
戴傳賢會見後合影

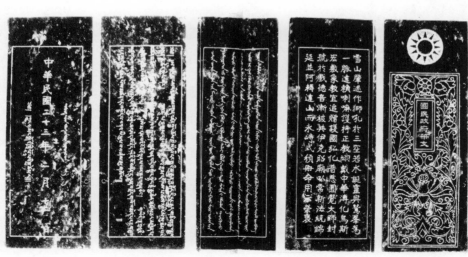

▲ 國民政府追封十三世達賴喇嘛的玉冊

▲ 九世班禪額爾德尼·曲吉尼瑪像

徵認班禪呼畢勒罕辦法

廿一年三月二日呈奉 行政院三月廿六日渝式字第五二七七號指令提經第五五五次會議通過 國防最高委員會第60次會議備案。

一、班禪轉世靈童由班禪徒屬尋訪。

二、班禪呼畢勒罕候選人准由西藏宗教首領就班禪徒屬所報靈童中負責認定三名。

三、呼畢勒罕候選人三名決定後由西藏政府呈報中央派員在拉薩大招寺行掣籤之定一名為呼畢勒罕。

▲ 國民政府頒布「徵認班禪呼畢勒罕辦法」文告。

▲ 九世班禪在內地講經說法。

表示歡迎班禪返藏，並答應班禪返藏後將其原來的轄地交還，但是此事還未來得及實行，十三世達賴喇嘛於一九三三年藏曆十月三十日在拉薩病逝。西藏地方政府按照歷史慣例打電報向國民政府報告，並通知九世班禪。國民政府發布了追封十三世達賴喇嘛為「護國弘化普慈圓覺大師」的命令，並在南京舉行追悼大會。九世班禪從內蒙古到南京參加了達賴喇嘛的追悼大會，並擔任國民政府委員職務。接著九世班禪返回內蒙古，經阿拉善等地到青海塔爾寺，籌劃返藏。

　　十三世達賴喇嘛去世不久，西藏統治集團內部即發生了變動，三大寺代表和僧俗官員會議罷免了擦絨達桑占東的噶倫職務、龍廈的藏軍總司令的職務，逮捕了十三世達賴喇嘛的親信貢培拉，使親英勢力受到了一次打擊。會議還依照清代的制度，決定由熱振活佛堅白益喜丹真堅贊（1910-1947）擔任攝政，由十三世達賴喇嘛的親屬朗敦貢噶旺秋任司倫（總管政務的首席噶倫）。國民政府批准熱振擔任攝政，並派遣參謀本部次長黃慕松為專使經過康區到拉薩致祭十三世達賴喇嘛，並與西藏地方政府商談雙方恢復關係的事宜，他還代表國

▲ 國民政府特派專使黃慕松赴藏致祭十三世達賴喇嘛圓寂。

▲ 國民政府專使黃慕松致祭時送的金佛燈

▲ 國民政府追封十三世達賴喇嘛為「護國弘化普慈圓覺大師」，並賜玉印。

民政府授予熱振活佛「輔國普化禪師」的名號。當黃慕松離藏時，取得西藏當局同意，留下部分隨行人員在拉薩，以專使行署名義作為中央與西藏地方聯絡的機構。

　　十三世達賴喇嘛去世後，西藏僧俗民眾希望九世班禪返藏的呼聲高漲起來。一九三五年三月，九世班禪向國民政府提出回藏的計劃，決定取道青海，希望中央派得力大員護送，指導班禪回藏後的宣化建設，並撥付專款經費。六月，國民政府批准了九世班禪的計劃。後藏地區的代表和噶廈及三大寺的代表趕到塔爾寺，敦請九世班禪早日動身。可是英帝國主義分子認為，九世班禪回藏將使西藏和中央的關係進一步改善，他們對此十分恐懼，竭力破壞。英國駐華使館以國民政府派衛隊護送九世班禪違反「西姆拉條約」為由提出抗議，中國政府反駁指出，「西姆拉條約」未經中國政府正式簽字不能成立，英國的抗議是無理的。英國人隨即又在西藏進行挑撥離間，提出西藏雖然應當歡迎九世班禪回藏，但是應當拒絕中國軍隊入藏。在英國人的蠱惑下，西藏統治集團中的一些人也鼓吹不能同意九世班禪帶衛隊回藏。英國駐華使館竟然就班禪回藏問題多次向中國政府提出抗議，千方百計製造緊張氣氛。一九三六年底，九世班禪到達青海玉樹，就有關問題與拉薩方面反覆協商。後來，西藏代表雖然不

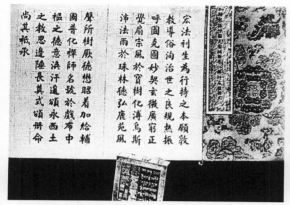

▲ 國民政府頒給熱振活佛的封文和封印　　　　▲ 「輔國普化禪師熱振呼圖克圖」之
　　　　　　　　　　　　　　　　　　　　　　圖印

再堅持反對護送班禪的官兵進藏,但是衛隊只能經那曲到後藏,五個月內必須全部撤回,又提出班禪回後藏後,後藏的賦稅仍由前藏徵收。雙方交涉一直拖到一九三七年七月抗日戰爭爆發,仍未能解決。八月,英國竟利用中國受到日本帝國主義武裝侵略的時機,再次就九世班禪回藏問題向中國抗議,國民政府於是命令九世班禪暫緩入藏,暫住玉樹。九世班禪返回西藏的願望不能實現,抑鬱成疾,於一九三七年十二月一日在玉樹去世。

　　熱振活佛出任攝政後,到曲科傑寺觀湖,認為十三世達賴喇嘛應在東方轉生,隨後在一九三六年秋天組織人員分三路到西藏東南部、康區和青海尋訪。其中的格烏倉活佛(色拉寺傑扎倉的活佛)和俗官凱墨索朗旺堆(他是一九五一年西藏和平解放時,代表西藏地方政府的五名和談代表之一)等到青海,一九三七年一月在玉樹拜見準備返藏的九世班禪,請求九世班禪給以指點和幫助,九世班禪介紹了塔爾寺附近的情況和他看到的幾名靈異兒童的情況,並為此寫信給青海省主席馬步芳,請求為格桑活佛的尋訪提供方便。經過將近兩年的尋訪,格桑活佛在平安縣祁家川紅崖村找到一個靈童拉木登珠,並將靈童和其家屬帶到青海省政府會客廳,在馬步芳等官員現場見證下舉行辨認前一世達賴喇嘛遺物的儀式。在確定可作為靈童之一後,格桑活佛要求先迎回拉薩供

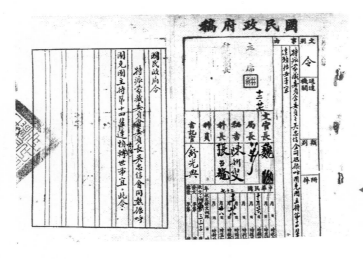

▶ 國民政府就派吳忠信會同熱振呼圖克圖主持十四世達賴喇嘛轉世事宜發布命令。

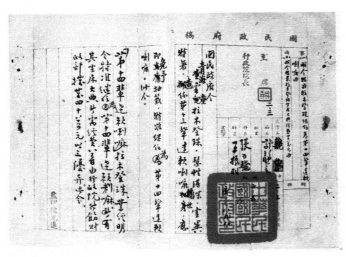

▶ 國民政府就認定拉木登珠為十三世達賴喇嘛轉世靈童事發布命令。

養，馬步芳開始不同意，青海各大呼圖克圖也要求仿照七世達賴喇嘛之例，讓靈童先在塔爾寺居住和學習，待中央和西藏地方當局商定後再護送進藏。噶廈於是向國民政府呈報尋訪到靈童三名，請中央派大員入藏，主持靈童掣籤事宜。國民政府將此作為改善與西藏地方關係的契機，致電馬步芳，令其派兵護送靈童全家進藏，並撥給護送費十萬元。馬步芳派師長馬元海帶一營騎兵護送

靈童進藏，於一九三九年十月初到達拉薩。當年三月，國民政府派蒙藏委員會委員長吳忠信為專使，進藏主持靈童掣簽和坐床。吳忠信從重慶取道印度，於一九三九年十二月到達拉薩，受到西藏地方政府和僧俗人民的隆重歡迎。但是此時在靈童掣簽問題上已經發生重大變化。攝政熱振活佛堅決主張青海靈童即是達賴喇嘛的轉世，司倫朗敦在此問題上與熱振意見不同，經僧俗官員開會討論，停止司倫朗敦的職務，西藏政教事權集中於熱振一人。

當吳忠信到達拉薩時，原來所說的三個靈童只有青海靈童一人，而且已經開始接受僧俗禮拜，有造成既成事實之勢。熱振活佛請求中央援照十三世達賴喇嘛的先例准予免除金瓶掣簽的手續，批准青海靈童為十四世達賴喇嘛。吳忠信提出先尤其本人查看靈童是否確實「靈異」，再由西藏地方政府正式具文呈請中央免予金瓶掣簽。熱振活佛接受這兩個條件後，吳忠信在羅布林卡「查看」了靈童。一九四〇年二月，國民政府依據噶廈的呈請，發布批准青海靈童拉木登珠免予掣簽，繼任為十四世達賴喇嘛，並撥四十萬元，作為舉行坐床典

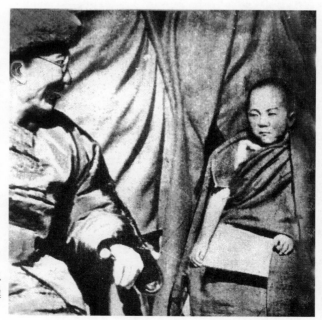

▶ 國民政府特派專使吳忠信到拉薩看視十四世達賴喇嘛。

禮的經費。二月十五日，吳忠信在拉薩喜德林寺的正殿代表中央政府向攝政熱振活佛授「輔國普化禪師」的金冊金印，並新授其二等彩玉勛章，同時向當時的四位噶倫頒發了三等彩玉勛章。

英印政府派其駐錫金行政長官古德等以觀禮的名義趕到拉薩，監視吳忠信的活動，並竭力挑撥西藏地方和中央的關係，他們唆使噶廈的少數官員將吳忠信在坐床儀式上的座位安排在熱振活佛的對面，身分地位與司倫等人相等，而且把英印代表的座位與吳忠信排在一起，企圖把吳忠信混同於一個外國來的祝賀代表。吳忠信為此向噶廈提出了嚴正交涉，在熱振活佛的支持下，噶廈改變了原來的安排。二月二十二日，十四世達賴喇嘛的坐床典禮在布達拉宮舉行，吳忠信的座位安排在與達賴喇嘛座位平行的左方，面向南面，以表明吳忠信的地位至少與清代駐藏大臣的地位相等。當天參加坐床慶典的有攝政、司倫、噶倫等西藏各級官員、各大呼圖克圖、三大寺代表，中央代表吳忠信和全體隨員，尼泊爾、不丹在拉薩的代表，共計五百多人，而英印代表古德由於他在座位問題上的陰謀破產，沒有參加當天的慶典活動。三月八日，西藏地方政府致電國民政府主席林森和軍事委員會委員長蔣介石：「承中央特派代表蒙藏委員

◀ 十四世達賴喇嘛在
布達拉宮坐床。

會吳委員長親臨，並贈賜禮品，祥瑞十分，感戴無際。至於中日戰事，現正由三大寺暨各寺喇嘛大舉祈禱，祝禱中央勝利。」後來，噶廈還派扎薩阿旺堅贊為代表到重慶，為中央派員進藏主持達賴喇嘛認定和坐床向國民政府致謝。

吳忠信在一九四〇年四月離開拉薩前，徵得西藏地方政府的同意，正式設立了國民政府蒙藏委員會駐藏辦事處。隨吳忠信進藏的蒙藏委員會藏事處處長被任命為駐藏辦事處的第一任處長。

十四世達賴喇嘛認定和坐床後，擔任攝政的熱振活佛的威望日益提高，西藏地方和中央的關係也有了明顯的改善。英帝國主義分子和親英勢力對這種發展十分恐懼和不滿，他們費盡心機，利用各種手法，想要逼迫熱振活佛下台。利用熱振活佛在處理一些僧俗官員任免問題上引起的不滿，他們散布流言蜚語，指稱熱振活佛和幾個女人有染。年輕的熱振活佛對此感到心煩意亂，求助於打卦問卜，得到的指示是繼續任職將大為不利，只有回熱振寺靜修三年才能躲過災禍。熱振活佛不顧各方面的勸阻，決心辭職，並推薦當時擔任達賴喇嘛的副經師的達扎活佛阿旺松饒土多旦巴傑增繼任攝政。達扎活佛是堆龍德慶附近的打聾扎業黨寺的一個品級較低的活佛，熱振活佛曾經拜他為師學經，因此

▶ 十四世達賴喇嘛坐床後，致信中央表示感謝政府對他的關懷。

有師生情誼，他擔任達賴喇嘛的副經師（正經師即是熱振活佛自己）也是由熱振活佛提名的。當時達扎活佛已經六十七歲，熱振活佛推薦他繼任，顯然是為自己三年以後再次出任攝政而做的一種安排。一九四一年一月，熱振活佛辭去攝政職務，並致電國民政府，自己辭職和達扎活佛繼任攝政，二月，達扎活佛也致電國民政府，表示「業經達賴喇嘛明令暨西藏大眾會議決定，一致推舉微末為西藏攝政，再再敦請，無法推卸，特諏吉於藏曆一月一日宣布就職，特電奉聞。」達扎接任之初，對熱振活佛的推舉表示十分感激，在熱振離拉薩返回熱振寺時，達扎率全體僧俗官員、三大寺堪布

▲ 第五世熱振活佛

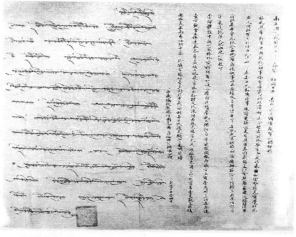

▲ 熱振和朗堆呈給國民政府的信

和藏軍官兵舉行隆重的歡送儀式。

　　達扎活佛繼任攝政以後，很快就被英帝國主義分子和西藏分裂主義分子所包圍。他利令智昏，為了防止熱振活佛東山再起，逐步撤換了熱振活佛安排在重要職位上的親信，如基巧堪布阿旺丹增、孜本哲玉哇等，而任用親英的貴族索康等人擔任噶倫等要職，完全控制了噶廈，使西藏地方與中央的關係急遽惡化。一九四三年夏天，在英國駐拉薩的代表黎吉生的支使下，噶廈突然宣布成立「外交局」，要求蒙藏委員會駐拉薩的辦事處和英國、尼泊爾駐拉薩的代表一樣，有事先向「外交局」接洽。蒙藏委員會辦事處堅持不與「外交局」來往，國民政府也宣布拒不接受，並命令四川青海軍隊作相應布置，必要時不惜以武力解決。西藏地方政府答應另設機關與蒙藏委員會辦事處來往。英印政府隨後向噶廈提供了一批新式武器裝備，還鼓動達扎在拉薩舉辦英文學校，招收貴族官員的子弟入學，引起三大寺僧人的強烈反對。一九四四年四月，蔣介石從他的侍從室中選派沈宗濂為新任駐藏辦事處處長，並決定擴大對西藏的宣傳，加強與班禪徒屬和擁護中央的西藏人員的連繫。這時熱振活佛辭職已經三年，他借色拉寺傑扎倉大經堂維修後舉行開光儀式的機會來到拉薩，希望與達扎活佛商談他重任攝政的事情，但此時達扎已經羽翼豐滿，在兩人會面時絕口不提以前約定的事，熱振只得仍然回到熱振寺繼續修行。熱振卸任後仍與國民政府保持著密切連繫，他希望中央支持他重新當政，要為增進西藏與中央的關係儘力。一九四五年五月，國民黨第六屆中央全會選舉熱振活佛和洛桑堅贊為第六屆候補中央執行委員。達扎深感熱振活佛仍是一個強有力的競爭對手，為提高自己的地位，在一九四六年六月，在一次僧俗民眾會議上給自己掛上了「傑布呼圖克圖」的名號，開創西藏曆史上自封為呼圖克圖的先例。達扎還利用各種機會進一步排擠熱振活佛的親信，使雙方的矛盾更加激化。一九四七年，印度雖然從英國的殖民統治下獨立，但是印度並未放棄英帝國主義在西藏取得的特權，反而以英國殖民主義的繼承者自居，英帝國主義分子黎吉生又搖身一變成為印度駐拉薩的代表。在黎吉生的支使下，西藏派代表參加在印度新

德里召開的「泛亞洲會議」。帝國主義者在會議上將一面「雪山獅子」旗當作西藏的「國旗」懸掛在與會各國的國旗中，會場上懸掛的亞洲地圖上，中國地圖竟然缺少了西藏。這種手法遭到中國代表的強烈抗議，會議的組織者只得加以改正。

抗日戰爭勝利後，國民政府決定在南京召開國民大會，通知噶廈要求西藏選派代表參加，噶廈派圖丹桑批、索朗旺堆等十人參加。一九四六年四月，西藏代表由沈宗濂陪同從拉薩出發，達賴喇嘛的父親讓達賴喇嘛的哥哥嘉洛頓珠隨沈宗濂到南京學習。熱振活佛雖然未能去南京參加國民大會，仍通過他的朋友、西康地區參加國民大會的代表頓珠朗傑等人帶信給中央，陳述達扎就任以來投靠英國人、破壞漢藏關係的情況，請求中央明令達扎辭職。黎吉生企圖對西藏派代表參加國民大會進行破壞，要求西藏代表團改向同盟國祝賀勝利並「慰問」，最終沒有得逞。在得知熱振活佛給中央寫信的情況後，黎吉生於一九四七年二月去拜會達扎，造謠說熱振派人要求國民黨派兵入藏，推翻達扎，支持熱振重新擔任攝政，國民黨也同意派兵。達扎聽了黎吉生的謠言後大為驚恐，決心除掉熱振活佛。經過和黎吉生等人周密策劃後，四月十四日噶廈派噶倫索康和拉魯、藏軍司令格桑楚臣等帶領藏軍二百多人，前往熱振寺逮捕熱振活佛，同時在拉薩逮捕了原噶倫彭康和熱振扎薩堅白堅贊等人。在拉薩的熱振寺人員得知消息後，急忙趕回去報告，但是藏軍提前趕到，將毫無準備的熱振活佛逮捕，押解回拉薩，關押在布達拉宮的孜夏覺監獄，受到審問和折磨。色拉寺的僧眾得知熱振活佛被捕的消息後，群情激憤，他們打算在途中營救，因藏軍改變路線未能成功。數百名武裝僧人在堪布阿旺嘉措的率領下，進入拉薩準備劫獄救出熱振活佛，結果未能成功。噶廈隨即調集大軍，配備大炮等武器，包圍喜德林寺，同時圍攻色拉寺。黎吉生不僅為藏軍攻打色拉寺出謀劃策，還派英國報務員福克斯幫助架設無線電台，為了使前線指揮和在布達拉宮的達扎活佛、噶廈之間的聯絡通暢，藏軍使用大炮轟擊，經過兩天激戰攻入色拉寺，僧人傷亡慘重，傑扎倉被搶劫一空，阿旺嘉措帶十多人突圍而出，逃往

康區。事變發生之後，國民政府致電達扎和噶廈，要求保證熱振活佛的安全。色拉寺僧人的反抗，使得達扎等人對熱振活佛的巨大影響更加恐懼，決心除掉熱振活佛。五月七日，熱振活佛在獄中被害。熱振寺的五百僧人得知熱振活佛被害的消息後，再次舉行暴動，將住在熱振別墅的十六名藏軍殺死，並與前來鎮壓的藏軍激戰七天七夜，熱振活佛的索本堪布益喜楚臣在失敗後帶領十餘人突圍，逃往青海西寧。熱振活佛被害後，噶廈宣布取消他的呼圖克圖名號，其轉世降為措欽活佛，沒收其大部分財

▲ 國民政府駐西藏辦事處處長陳錫璋夫婦

產，並羅織其「罪狀」，在大昭寺前公布。對熱振活佛的親信等處以不同的懲罰，扎薩堅白堅贊、卡多喇嘛、孜娘活佛等人被判處鞭打和終身監禁。儘管如此，噶廈還指示其駐京辦事處處長圖丹桑布向國民政府面呈報告，宣稱已照中央指示，對熱振活佛的親信人員「從輕發落」。不久，與熱振活佛及國民政府駐藏人員關係密切的十四世達賴喇嘛的父親祁卻才仁在拉薩突然去世，他的去世顯然與親英分子的暗害有關。

　　「熱振事件」之後，以達扎為首的親英分子加緊進行分裂活動。一九四七年十月，在黎吉生的策劃下，噶廈派出了一個以孜本夏格巴·旺秋德丹為首的「商務代表團」，準備到美英等國考察「商務」，表面上宣稱為「和外國建立直

▲ 噶廈官員歡迎國民政府委派的駐藏代表到達拉薩。

接商務連繫」、「購買黃金作為西藏通貨的準備金」，實際上是想以此表示西藏能夠進行外交活動，要求美英等國承認「西藏獨立」。夏格巴後來在他的《西藏政治史》中也說，這個代表團是為了「和外國建立正式關係，表示西藏的獨立和享有主權地位」。西藏「商務代表團」到印度後卻遇到護照簽證和外匯缺乏等問題，於是夏格巴等人在一九四八年初不得不到南京，請求國民政府幫助解決。按當時國民政府規定，出國應該拿中國護照，由中央幫助辦理有關手續。夏格巴在南京和美國駐華大使司徒雷登祕密連繫，司徒雷登讓他們去香港，由美國領事在噶廈自己製造的「護照」上簽證，同時將噶廈向國民政府申請的生絲出口證賣給印度商人，取得外匯後購買機票到了美國。夏格巴等人在

美國、英國、法國、瑞士、意大利、印度等國活動了幾個月，可是這些國家中沒有任何一國承認西藏是「獨立國」，他們只好空手返回了拉薩。

一九四九年夏天，中國政治形勢發生了重大變化，人民解放軍渡過長江，解放了南京，並向華南、西南各省進軍。六月三日，逃到廣州的國民政府由代總統李宗仁發布命令，批准班禪堪布會議廳在青海尋訪的九世班禪轉世靈童官保慈丹免予金瓶掣簽，特准繼任為第十世班禪額爾德尼。此時，擔任印度駐拉薩代表的英國人黎吉生正加緊在拉薩策劃一個新的陰謀。他一方面對達扎和噶廈說，「在拉薩的漢人中有許多共產黨的人，留他們在這裡，將來就會充當內應，把解放軍引進來」，催促噶廈趕走駐藏辦事處人員，同時又上書印度政府，要印度政府考慮接受離開拉薩經印度過境的中國人。七月八日，噶倫然巴土登貢欽等把蒙藏委員會駐藏辦事處代處長陳錫章請到噶廈公所，以防止共產黨混跡拉薩的名義，要辦事處的全體人員以及在拉薩的所有漢族人在兩週內撤出西藏，不得以任何藉口推遲。與此同時，派藏軍以保護安全的名義封閉了辦事處的電台，包圍辦事處人員的住所，不准辦事處與中央政府連繫。從七月十六日開始，蒙藏委員會辦事處的全體人員以及在拉薩的漢族商人等一百多人，在藏軍「護送」下分三批離開拉薩到印度。直到七月二十一日，中國駐印度大使館才得到駐藏辦事處人員被迫離開西藏的消息。國民黨政府對西藏的「驅漢事件」無可奈何，只是由行政院院長閻錫山發了幾封電報，表示反對。而即將取得全國勝利的中國共產黨為了捍衛國家主權，維護統一，對拉薩當局的「驅漢事件」表明了嚴正的立場。中共中央機關報《人民日報》九月三日發表社論，旗幟鮮明地指出，這次事件「是在英美帝國主義及其追隨者尼赫魯政府的策劃下發動的。英、美、印反動派勾結西藏地方反動當局舉行這個『反共』事變的目的，就是企圖在人民解放軍即將解放全國的時候，使西藏人民不但不能得到解放，而且進一步喪失獨立自由，變為外國帝國主義殖民地奴隸」，「中國人民解放軍必須解放包括西藏、新疆、海南島、台灣在內的中國全部領土，不容有一寸土地被留在中華人民共和國的統治以外。西藏是中國的領土，絕不

容許任何外國侵略；西藏人民是中國人民的一個不可分離的組成部分，絕不容許任何外國分割。這是中國人民、中國共產黨和中國人民解放軍的堅定不移的方針」。就在此時，由夏格巴牽線，美國哥倫比亞廣播公司的電台評論員羅威爾‧托瑪斯父子進入西藏，同達扎活佛和黎吉生等人多次密談，並轉交了美國總統杜魯門、國務卿艾奇遜的信件。托瑪斯父子鼓動西藏當局趕緊建立一支有技術的游擊部隊，接受游擊戰技術訓練，破壞交通補給線，阻止人民解放軍進入西藏。在托瑪斯父子返美前後，達扎等向美國政府要求「十億美元」和一批「第二次世界大戰時使用的武器」的援助。美國駐印度大使韓德森答應提供一批步槍、機關槍、手提機槍及彈藥等軍事援助，並經印度政府的同意，準備將這些武器由加爾各答、大吉嶺運往西藏。噶廈於是決定擴軍一萬人，並向昌都、那曲地區增兵。黎吉生這時本應退休，印度政府又將他的任期延長一年，以便他在這個關鍵的時刻發揮作用。一九四九年十一月，在黎吉生和托瑪斯等人的策動下，噶廈的「外交局」致電毛澤東主席說：「請不要讓軍隊越境進入西藏。」經黎吉生策劃，達扎還命噶廈起草了「西藏獨立宣言」，由黎吉生修改定稿並翻譯成英文後，派夏格巴和嘉洛頓珠帶到聯合國去籲請，並決定派出「親善代表團」到英、美、印度、尼泊爾四國去活動，請求支持「西藏獨立」，給西藏派來能夠使用新式武器、指導藏軍作戰的人員。這個代表團的先遣人員已經走到江孜，由於中國外交部發言人在一九五〇年一月二十一日對此發表了嚴正談話指出，「如果拉薩當局違反西藏人民的意志，接受帝國主義侵略者的命令，派出非法的『使團』從事分裂和背叛祖國的活動，那麼，我國中央人民政府將不能容忍拉薩當局這種背叛祖國的行為，而任何接待這種非法『使團』的國家，將被認為對於中華人民共和國懷抱敵意。」英、美、印等國政府致電噶廈，表示不能接待這個代表團，噶廈不得不將已經出發的代表團召回拉薩。

　　民國時期西藏的歷史，處在一個不正常階段。以英國為主的帝國主義侵略勢力千方百計想把西藏從祖國分裂出去，他們鼓動西藏地方上層中的親英勢力從事許多分裂活動，但是他們的陰謀活動始終受到包括西藏人民在內的全中國

人民的堅決反對。北洋政府和國民政府都堅持西藏是中國的一部分的原則立場。西藏僧俗大眾也同帝國主義侵略勢力和分裂分子進行了各種形式的鬥爭。九世班禪出走到內地，說明西藏上層中仍有許多人希望保持與祖國的血肉關係。十三世達賴喇嘛在後期也恢復了和中央政府的連繫。在十三世達賴喇嘛去世後，在尋訪達賴喇嘛的轉世等重大問題上，西藏地方政府仍然要依靠中央政府並通過中央政府來辦理。帝國主義和親英勢力的分裂活動，導致西藏社會政治不穩定，上層集團矛盾加劇，經濟文化停滯不前，人民生活痛苦不堪。歷史事實說明，即使是在中國處在八年抗戰這樣的危急關頭，英帝國主義分子和西藏上層中的分裂分子也不可能把西藏從中國分裂出去。隨著中國共產黨領導的反帝反封建的新民主主義革命的勝利，西藏曆史進入一個嶄新階段。

第十章

西藏的
和平解放

一九四九年九月下旬，中國人民政治協商會議在北京舉行。會議通過了具有臨時憲法性質的《共同綱領》，《共同綱領》規定，包括中華人民共和國境內各民族均有平等的權利和義務，實行民族平等、民族團結、民族區域自治政策和宗教信仰自由政策等。十月一日，中華人民共和國宣告成立，毛澤東主席在天安門城樓上向全世界宣告：中華人民共和國中央人民政府成立了。朱德總司令宣讀了《中國人民解放軍總部命令》，命令人民解放軍迅速解放一切尚未解放的國土。

新中國宣告成立的喜訊傳到甘、青、川、滇廣大藏族地區，各界藏族人民都歡欣鼓舞。在塔爾寺坐床不久的第十世班禪大師，在十月一日致電毛澤東主席、朱德總司令：「致崇高無上之敬意，並矢擁護愛戴之忱。」「中央人民政府成立，凡有血氣，同聲鼓舞。今後人民之康樂可期，國家之復興有望。西藏解放，指日可待。」他還另致電負責解放西北地區的人民解放軍第一野戰軍司令員彭德懷，懇請「速發義師，解放西藏，驅逐帝國主義勢力，鞏固國防」。十一月二十三日，毛澤東、朱德給班禪大師覆電說：「西藏人民是愛祖國而反對外國侵略的，他們不滿意國民黨反動政府的政策，而願意成為統一的富強的各民族平等合作的新中國大家庭的一分子。中央人民政府和中國人民解放軍必能滿足西藏人民的這個願望。」中共中央在十二月三十一日發表的《告前線將士和全國同胞書》中，把解放西藏列為全國軍民將在一九五〇年完成的光榮任務之一。

一九五〇年一月二日，毛澤東主席和中央軍委決定：進軍和解放西藏的任務主要由第二野戰軍擔負，同時要求第一野戰軍予以配合。二野提出了尤其所轄之第十八軍經由川、康向西藏東部和中部，其他部隊分別從新、青、滇向西藏西北和東南「多路向心」進軍的計劃，得到了中央的批准。

面對外國侵略勢力與達扎等人的擴軍備戰活動和西藏的社會情況，在給十八軍部署進藏任務時，二野政委鄧小平提出：「西藏問題有軍事問題，需一定數量之兵力。但軍事與政治比效，政治是主要的。」「政策問題極為重要。」「到

西藏去就是靠政策走路、靠政策吃飯，政策就是生命。必須緊密連繫群眾、依靠群眾。要用正確的政策去掃除中外反動派的妖言迷霧，去消除歷史上造成的民族隔閡和成見，把康藏廣大的僧俗人民和愛國人士團結到反帝愛國的大旗下來。」二野司令員劉伯承也提出：「要先由民族團結入手，然後才能談階級問題」，「宗教問題如體會不深，亂下手，必出大亂子。」這表明，他們已經開始在考慮以和平的方式解放西藏的問題。

十二月二十五日，中共中央指示西南局和西北局：「我軍進駐西藏的計劃是堅定不移的。但可採用一切方法與達賴集團進行談判。」其後，西南局和西北局對如何同達賴集團進行談判問題，分別提出了四條和八條意見。一九五一年五月十七日，中央進一步指示按照如下原則擬定同西藏地方政府進行談判的條款：「西藏方面必須驅逐帝國主義侵略勢力，協助人民解放軍入藏。我們方面則可以承認西藏的政治制度、宗教制度，連同達賴的地位，以及現有的武裝力量、風俗習慣，一概不變更，並一律加以保護。」遵照上述原則，五月二十七日，由鄧小平主持起草並親自動手修訂的準備和談的十項條款以西南局名義報請中央批准。後來人們把這十項條款稱為關於和平解放西藏的「十大政策」：1、西藏人民團結起來，將帝國主義侵略勢力驅逐出西藏，西藏人民回到中華人民共和國祖國的大家庭中來；2、實行西藏民族區域自治；3、西藏現行各種政治制度維持原狀概不變更，達賴喇嘛之地位及職權不予變更，各級官員照常供職；4、實行宗教自由，保護喇嘛寺廟，尊重西藏人民的宗教信仰和風俗習慣；5、維持西藏現行軍事制度不予變更，西藏現有軍隊成為中華人民共和國國防武裝之一部分；6、發展西藏民族的語言文字和學校教育；7、發展西藏的農牧工商業，改善人民生活；8、有關西藏的各項改革事宜，完全根據西藏人民的意志，由西藏人民及西藏領導人採取協商方式解決；9、對於過去親英美和親國民黨的官員，只要他們脫離與英美帝國主義和國民黨的關係，不進行破壞和反抗，一律繼續任職，不究既往；10、中國人民解放軍進入西藏，鞏固國防。人民解放軍遵守上列各項政策，人民解放軍經費完全由中央人民政府供

給。人民解放軍買賣公平。這十項條款為後來簽訂的《關於和平解放西藏辦法的協議》奠定了堅實可靠的基礎。

被達扎和噶廈派往北京準備向中央人民政府提出所謂「西藏獨立」問題的夏格巴·旺秋德丹等人，於一九五〇年二月二日到達印度新德里，並在受到印度總理尼赫魯接見後，於三月十五日致函中國駐香港辦事機構，公然宣稱「西藏獨立」，要求在香港就此問題同中央政府談判。五月二十八日，就西藏代表要求在香港與中央談判問題，中央人民政府秘書長林伯渠答覆記者提問時指出，「西藏獨立」是錯誤的，該代表只能以西藏地方政府代表的名義來北京談祖國統一問題，才能受到中央的歡迎。與此同時，經中央同意，西北、西南地區的黨政領導先後四次派人克服重重困難到西藏去勸和。二月一日，青海派藏族幹部張竟成，帶去了青海省副主席廖漢生和著名藏族佛學大師喜饒嘉措寫給達賴喇嘛和達扎等人的書信；三月初，四川派出漢族高僧志清法師（又稱密悟法師）和賈題韜居士，帶去解放軍歡迎西藏派代表赴京或到進藏部隊前線司令部談判的信息；五月初從青海派出的是塔爾寺當才活佛（即十四世達賴喇嘛的大哥諾爾布）、隆務寺夏日倉呼圖克圖及大通縣廣慧寺先靈活佛，以及秘書、翻譯遲玉銳等人，他們帶去了青海省人民政府主席趙壽山的信函；七月十日，從甘孜派出白利寺格達活佛，他曾在一九三六年中國工農紅軍長征途中幫助甘孜藏族人民建立的中華蘇維埃「博巴（藏人）自治政府」中擔任過領導職務，他當時擔任西南軍政委員會委員、西康省人民政府副主席。當時中央的和平呼籲並沒有得到西藏當局的響應，第一次進藏勸和的張竟成，於一九五〇年五月抵拉薩，六月初被迫離藏，噶廈讓他捎給廖漢生的覆信中，只承認中國和西藏之間存在「檀越關係」，而不承認西藏原來就是中國的一部分這種已由無數歷史事實證明了的政治關係；第二次進藏勸和的志清法師和賈題韜居士，被藏軍攔阻於金沙江以東，至當年十一月才得以渡江西行；第三次進藏勸和的人員十月抵那曲，其中的當才活佛會見達賴喇嘛後去了印度，夏日倉活佛、先靈活佛等，被押送拉薩軟禁起來，該勸和團的秘書遲玉銳等人則被送往山南澤當

囚禁，至一九五一年二月才被釋放；第四次進藏勸和的格達活佛，七月二十四日抵昌都，八月二十二日竟在飲用了英國人的茶水後不久因劇烈腹痛身亡，他的隨行人員也被押解至拉薩。

在中國共產黨和中央人民政府提出和平解放西藏的方針，並以各種方式督促和規勸拉薩當局派代表與中央和談的同時，第十八軍從川南移師川西，於一九五〇年一月下旬成立了以張國華為書記的中共西藏工委，並在組織熟悉西藏情況的專家學者研究康藏的自然地理、人文歷史後，提出進軍西藏的具體政策意見，編寫了《進軍康藏地區應該注意和準備的事項》、《進軍守則》等，上

▶ 進藏部隊一面進軍，一面築路（圖為川藏公路的施工區）。

報西南軍區，並向部隊進行了政策教育和思想動員，還編寫了供指戰員學習的《藏文課本》。二月三日，十八軍從川西派出一支先遣支隊進至西康雅安。先遣支隊向當地各界人士宣傳和平解放西藏的政策，受到各地上層人士和藏族群眾的熱烈歡迎和大力支持，甘孜和巴塘有二百多名藏族青年參軍。中央民族事務委員會舉辦的藏民研究班的幾十名藏族幹部也從北京出發，到達後對十八軍開展各項工作起了重要的協助作用。在西康藏區人民的無私支援下，十八軍迅速作好了向西藏昌都地區進發的各項戰鬥準備。與此同時，青海騎兵支隊、雲南軍區第十四軍一二六團和新疆軍區獨立騎兵師先遣連，也都發揚解放軍優良傳統，在人民的無私援助下，於當年七月分別進抵青海玉樹、雲南德欽和新疆南部的於田縣，作好了向西藏進軍的一切準備。

八月一日，新疆騎兵師先遣連還從於田縣普魯村出發，率先開始了向西藏的進軍。該連由漢、回、藏、蒙古、錫伯、維吾爾、哈薩克共七個民族的一三五名指戰員組成，在團保衛股長李狄三的率領下，翻越崑崙山脈多座冰峰雪山，穿過阿里北部茫茫無人區，於九月中旬進抵阿里改則縣的扎麻芒布地方，在那裡停留二四〇餘天，等待後續部隊。在此期間，他們不僅嚴守黨和國家的民族、宗教政策和三大紀律八項注意，開展爭取、團結阿里噶爾本（當地最高行政官員）赤門‧索朗班覺等人的上層統戰工作，而且還能把自己歷經千辛萬苦從新疆帶來的布匹、衣服、糧食、茶葉等拿出一部分救濟當地遭受雪災的貧苦牧民。最後終因食品、藥品和禦寒用品未能得到及時補充以及水土不服等原因，指戰員大部分得了肺炎和水腫病。待後續部隊到達該地時，該連已有五十六人獻出了自己寶貴的生命。李狄三是後續部隊抵達該地幾分鐘後壯烈犧牲的。他們寧死都保持人民軍隊的本色，誓死維護祖國統一和民族團結的光輝業績，至今仍被阿里地區各階層人民廣為傳頌。

遵照和平解放西藏的方針、政策，十八軍抵甘孜、德格後以部隊首長名義給西藏昌都地區總管拉魯‧策旺多吉和代本（團長）牟霞等人去信，闡明形勢、曉以大義，勸他們放棄武力抵抗，為和平解放西藏作出努力。進駐玉樹、

▶ 張國華將軍和指戰員
們沿途受到各界人民
的熱烈歡迎。

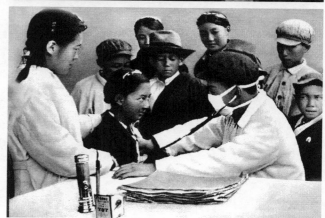

▶ 進藏醫務工作者為藏
胞免費看病。

▶ 駐藏部隊在高原自力
更生，墾荒生產。

▲ 大批物資隨軍運往西藏。

德欽等地的部隊，對來往於這些地方與西藏之間的商旅、香客等以禮相待，並通過他們向西藏傳送書信、宣傳品，大力開展爭取西藏群眾、團結西藏官兵的工作。

與此同時，中央人民政府為促成和談，再次作出努力。一九五一年四月中國和印度建立外交關係。七月，中國駐印度大使館臨時代辦申健到達新德里，會見了夏格巴等人，向他們贈送了《中國人民政治協商會議共同綱領》，敦促他們迅速到北京談判。八月三十一日，中國外交部通知印度政府：解放軍即將按照預定計劃在西康西部開始行動，向西藏開進，希望印度政府協助西藏地方代表於九月中旬以前到達北京，開始和談。九月六日、十七日、二十三日，中國駐印度大使館的申健代辦、袁仲賢大使連續三次約見夏格巴等人，告訴他們

中國人民解放軍即將採取進軍行動，催促他們疾速赴京和談。九月三十日，周恩來在全國政協慶祝新中國成立一週年的大會上，進一步表明解放軍進藏的決心及爭取和談的誠意。但是西藏當局和夏格巴等人仍然以各種藉口拖延，背地裡又請求印度政府向中央「交涉」，企圖依靠印度的外交壓力來阻止人民解放軍的進軍。

一九五〇年五月，攝政達扎等擢升孜本阿沛・阿旺晉美為噶倫，並命他赴昌都擔任總管，擔負指揮藏軍阻止解放軍前進的「重任」。當時他就向達扎等人提出，希望與共產黨談判，否則他到昌都就毫無意義。八月二十八日，阿沛・阿旺晉美到達昌都，原總管拉魯・策旺多吉幾天後即以「昌都一地不能有兩個總管」為由，報請達扎等人批准後，退至昌都以西的洛隆宗「鎮守」。阿沛・阿旺晉美到任後的第八天，就給達扎等人發電指出：「因時世渾濁，民不堪命，這裡有的宗（相當於縣）內僅有七八戶人家還有糌粑，其餘全以食蔓菁為生。乞丐成群，景象淒涼」，「應停止進攻（停止噶倫拉魯制定的向玉樹方向進攻的計劃）。漢藏雙方最好和平解決。如果不行，也應先從邊境一帶撤出所有部隊。」達扎等人自恃有外國人的軍事援助，又有湍急的金沙江和高山峻嶺的阻隔，他們以為六月份爆發的朝鮮戰爭威脅到中國的東北地區，牽制了人民解放軍，使解放軍不可能在冬季即將到來時發起進攻，堅持鬧分裂、搞「獨立」的反動立場，頑固地拒絕和談，繼續調兵遣將。到九月底，集中在昌都地區的藏軍（包括僧兵、「民兵」）已增至七千五百餘人。英國人福特、貝卡、印度人沙諾多吉、沙諾朋措等混入藏軍，為藏軍出謀劃策或幫助架設電台，掌握電訊聯絡工作。達扎等人的種種作為將中央政府爭取和平的努力逼到戰鬥邊緣。

從十月六日起，第十八軍以大約五個團的兵力，按預定計劃，強行渡過湍急的金沙江，迅速從南、北兩面包圍昌都藏軍。北線解放軍又分三路，右路一五四團自鄧柯渡江，與從玉樹出發的青海騎兵支隊經囊謙、類烏齊直插恩達，切斷昌都藏軍西逃的退路；中路五十二師指揮部和一五五團、一五六團、炮兵

營自鄧柯渡江後南下，經生達直取昌都；左路偵察營、工兵營由崗托渡江西進，從正面向昌都實行佯攻。南線一五七團自巴塘渡江，直指寧靜，從南面堵住昌都藏軍的退路。雲南軍區一二六團和一二五團一部從迪慶出發攻占碧土、鹽井，又向左貢方向前進。十八日解放軍逼近昌都時，城中一片混亂。原來就反對同解放軍打仗、竭力主張和談的阿沛‧阿旺晉美率總管府四十餘名僧俗官員以及衛隊一百多人，撤離昌都城。噶倫拉魯招募來的地方民兵則在城中乘機搶劫。阿沛在發現退路已被解放軍截斷後，移住昌都西南之竹各寺，並立即派出人員與解放軍連繫。十九日，解放軍和平進入昌都城，受到昌都寺僧人和城內居民的歡迎，該城宣告解放。二十一日，已同解放軍取得連繫的阿沛‧阿旺晉美命令藏軍第三、八、十代本二千七百多人停止抵抗，放下武器，昌都地區獲得解放。被達扎等人部署在該地區的藏軍，除第九代本起義後被編入解放軍序列外，其餘五千七百人大多被俘，由英美等國援助他們的大批槍炮、彈藥以及電台等軍用物資，全被解放軍繳獲。混入藏軍的四名英、印籍人都成了解放軍的俘虜。對放下武器人員，人民解放軍按照特別優待辦法一一作了妥善處理。對被俘藏軍連以下人員發給路費、馬匹、口糧遣返回家，西藏的官員、頭人，仍可照舊擔任原來職務，並發還其私人自衛槍枝。至此，昌都地區遂又恢復了和平的社會秩序。

王其梅率十八軍前方指揮所於二十四日抵昌都，在舉行祝捷勝利大會時，他帶頭列隊迎接阿沛‧阿旺晉美等人返回昌都，並讓他們仍住在原昌都總管府，以禮相待。共產黨關於和平解放西藏的方針和政策逐漸得到了阿沛等人的理解和熱情擁護。十一月五日，由阿沛等四十餘名僧俗官員簽名寫給達賴喇嘛和達扎等人的信，由專人日夜兼程送往拉薩。信中以他們的見聞和親身感受，懇切陳詞，再次力勸拉薩當局速派代表與中央和談。十一月十日，經中央批准的關於和平解放西藏的「十大政策」，以西南軍政委員會和西南軍區司令部所頒《布告》的形式，由新華社向全世界全文播發，《人民日報》全文發表。十二月二十七日，兼任中共昌都工委書記的王其梅和副書記惠毅然、平措旺階

▲ 進藏的人民解放軍指戰員

等，在昌都召集本地區上層人士百餘人開會，討論成立解放委員會問題。經過五天的醞釀、協商，昌都解放委員會成立，一致選舉王其梅為主任，在進軍和解放昌都時作出貢獻或在當地有較大影響的昌都寺大活佛帕巴拉·格列朗傑、阿沛·阿旺晉美、察雅寺大活佛羅登協饒、德格土司降央伯姆（女）、德格色·格桑旺堆、平措旺階、幫達多吉、惠毅然等人被選為副主任。該委員會是在中共領導下聯合當地上層人士建立的、帶有政權性質的協商辦事機構，直接接受西南軍政委員會和政務院的領導。昌都解放委員會成立後，除負責維持當地社會秩序外，其主要任務就是爭取和平解放全西藏，繼續支援解放軍向西藏的腹地和邊境進軍。因此，由阿沛副主任牽頭，該地區立即掀起了一個爭取和平解放全西藏的簽名運動。於是，一份由更多人簽名的籲請拉薩當局響應中央和平解放西藏的號召，立即派代表與中央和談的呼籲書由專人送往拉薩。在昌都解放之際，阿里的噶爾本向解放軍傳達了「願做中央人民政府的老百姓」等

▲ 藏胞熱烈歡迎人民解放軍進藏。

意見，經王震將軍報告了毛澤東。十二月三十日，毛澤東親自覆信寫道：「我們很高興，知道你們同到達你們那裡的人民解放軍結成了朋友，中央人民政府和人民解放軍對西藏各界人民的辦法，已經在西南軍政委員會和西南軍區司令部的布告中說得很詳細，現在已命令前線部隊將這個布告抄予你們。希望你們用種種方法把它散布開去，並多多抄寄到拉薩方面去，你們對布告有什麼意見，請告訴我。」毛主席的覆信經解放軍轉告噶爾本，他受到很大鼓舞。次年春，他也給拉薩當局去信，曆數解放軍的種種好處以及他同解放軍「相處很好」的情景，力促拉薩當局同中央和談。

　　昌都解放後，印度外交部於一九五〇年十月二十一日、二十八日和十一月一日連續三次向中國政府提出備忘錄和照會，公然將中國政府在自己的領土上行使主權、派解放軍進駐昌都視作「侵入西藏」，是「可悲嘆的」，還說什麼中國的行動「已經大大地增加了世界的緊張形勢和導向大戰的形勢」，已經影

響了中印間的「友誼關係以及全世界的和平利益」，並會嚴重影響中國參加聯合國組織，還提出印度派駐在西藏的商業代表、武裝衛隊以及印度在西藏設立的郵政和電訊機關要繼續存在下去。十月三十日和十一月十六日，中國政府照會印度政府指出，印度政府在當年八月二十六日致中國政府的照會中已經承認西藏問題是中國主權範圍內的問題，卻又「企圖影響和阻止中國政府對於西藏的國家主權的行使，這不能不使中國政府十分驚異」；「無論西藏地方當局願否進行和平談判，及談判的結果如何，任何外國的干涉都是不容許的。」這「正是維護中國獨立、制止帝國主義侵略者將世界拖向戰爭、保衛世界和平的一個重大步驟」。「西藏問題與中華人民共和國進入聯合國的問題，是兩個完全沒有關聯的問題。如果那些對中國不友好的國家企圖利用中華人民共和國中央人民政府對其領土西藏行使主權一事作為藉口，進行威脅，以阻礙中華人民共和國進入聯合國組織，那隻是再一次表示這些國家對中國的不友好和敵對態度而已。」

繼印度之後，英、美也對中國加以指責和威脅。針對英、美等國的威脅，《人民日報》於十一月二十二日發表了題為《斥美國對西藏的陰謀》的短評，嚴正指出：美國的「目的就是為了保留在西藏的帝國主義勢力，以便於把西藏變作進一步侵略中國的軍事基地。美帝國主義者今天在遠東的一切侵略步驟，包括它對朝鮮的武裝侵略和對越南的干涉，實際上都是為了在軍事上包圍中國，以作大規模侵略中國的準備。美帝國主義在武力侵占了中國的領土台灣以後，現在又妄圖用種種陰謀來阻止中國人民解放自己的領土西藏，但是一切這些無恥的罪惡行為，除了更加堅定中國人民粉碎帝國主義侵略的決心以外，決不會有別的任何結果」。與人民解放軍進駐昌都同時，十月二十五日中國人民志願軍跨過鴨綠江，援朝抗美。由於新中國不屈服於帝國主義壓迫的堅定立場以及世界上對新中國友好的國家和人民的支持和同情，所謂關於「西藏問題」的提案在聯合國被無限期地擱置下來。

昌都解放的消息傳到拉薩後，達扎等人依靠武力可以阻止解放軍進藏的幻

想迅速破滅。從十月二十五日起，在羅布林卡召開了好幾次有噶倫、基巧堪布、仲譯欽波、孜本以及三大寺堪布等僧俗官員參加的「西藏全區大會」，研究昌都戰敗後的形勢，商議對策。首席噶倫然巴・土登貢慶和三大寺的堪布們認為「和」是上策，應派代表與中央談判，他們說昌都失守的原因就在於派往北京的代表至今仍滯留印度，提出要追究他們未能去北京談判的原因。最後會議只好用求神問卜的辦法來決定以後的行動，把乃窮和噶東兩位降神師請至羅布林卡達賴喇嘛的臥室中降神。他們都匍匐於達賴喇嘛座前，轉達護法神的諭旨說只有達賴佛親自掌權才能消除災難，維持政教昌隆。噶廈遂於十一月十七日舉行儀式，讓當時僅十六歲的第十四世達賴喇嘛親政，接管了西藏的政教大權。達扎活佛無可奈何地辭去了攝政職位，不久病死。

到十一月底，阿沛・阿旺晉美等四十餘名僧俗官員聯名寫信給達賴等，由金中・堅贊平措和嘎准桑林巴二人從昌都送到了拉薩。信中說：為舉行和談，解放軍在昌都待命，暫時停止向拉薩開進，「如漢藏和談不能很快進行，解放軍向衛藏進軍是肯定無疑的。」當時，噶廈和一些貴族上層紛紛忙著將貴重財物轉移到國外去，並準備把剛剛「親政」的達賴喇嘛帶到國外去。噶廈給滯留印度的夏格巴・旺秋德丹發電報，令其在噶倫堡為達賴喇嘛選擇住地，準備好住房。夏格巴覆電說：美、英等國許諾予以協助，印度政府答應派兵在中印邊境接應。如被解放軍包圍，美國將派飛行員駕專機到拉薩營救。十二月十九日（藏曆十一月十一日），他們再次召開官員大會，宣布將原西藏地方政府一分為二，由達賴喇嘛任命大堪布本珠倉・格桑扎西和孜本魯康娃・澤旺繞登二人為司曹，代理攝政職務，堪窮土登繞央和台吉香卡娃・居美多吉為代理噶倫，讓他們留在拉薩主持政務，組成「拉薩噶廈」。達賴喇嘛本人則率噶倫然巴、索康和四大仲譯欽波、三個孜本（包括已在印度的孜本夏格巴・旺秋德丹）等三十餘名官員「外出」。當天晚上，達賴喇嘛等人即改著普通人的行裝，在一些武裝人員的護衛下離開拉薩，向亞東方向出逃，遙控「拉薩噶廈」待機行事。

十二月二十七日，在達賴喇嘛等人即將抵達亞東時，拉薩噶廈以達賴喇嘛的名義，給王其梅和十八軍第五十二師師長吳忠寫了一封信，信中說：「根據昌都總管噶倫阿沛及其下屬的報告，此處（指拉薩）已派出和談辦事人員。」接著拉薩噶廈派堪窮土登列門和第二代本（團長）桑頗・登增頓珠去昌都，協同阿沛與解放軍談判並提出了一份談判的「五項條件」：（１）西藏沒有帝國主義侵略勢力，同英國只有點外交關係，同美國只有商業關係；（２）要歸還舊時（指清朝和民國時期）「漢政府」占領的和解放軍解放的地區；（３）如有外國入侵，再請「漢政府」協助；（４）請進入康區和阿里地區的解放軍撤走；（５）今後請勿聽信班禪和熱振派的挑撥。從這「五項條件」不難看出，他們雖然派出了和談代表，但和一九四九年十一月達扎派夏格巴・旺秋德丹等赴北京表示「獨立」時的出發點一樣，其親帝的分裂主義實質，並沒有任何根本性變化。

一九五一年一月二日，十四世達賴喇嘛等人抵達亞東，並組織「亞東噶廈」，通過印度駐錫金政治專員致電印度政府，請求幫助達賴喇嘛移居印度。當時印度政府看到中朝軍民在朝鮮戰爭中取得了巨大勝利，不願意因為達賴喇嘛問題激怒中國政府，同時也擔心達賴喇嘛離開西藏後反而不利於印度在西藏問題上向中國政府施壓，所以印度政府對噶廈的請求做了這樣的回答：達賴喇嘛如為了生命安全，准許其去印度避難，但只能作為難民對待。在這種情況下，噶倫然巴、索康等將滯留印度的夏格巴等人及西藏駐印度商業代表召回亞東，多次開會研究美、英、印等國的對藏政策。經過激烈爭論，多數人認為美、英、印等國目前都難以向西藏提供新的軍援，藏軍繼續與解放軍對抗只有失敗。按照中央宣布的政策，西藏的現行制度和他們的地位、職權卻可得到維持。現在達賴喇嘛不宜去印度，應當和中央談判，至少表面上要承認西藏是中國的領土。一九五一年一月十一日，亞東噶廈決定增派扎薩凱墨・索安旺堆和仲譯欽波土丹旦達為代表，去北京和談。一月十八日，亞東噶廈派噶倫索康等人去中國駐印度大使館，「修補」西藏地方與中央的關係。二十七日，索康等

人向中國駐印度大使袁仲賢呈交了達賴喇嘛和西藏地方官員會議分別緻袁大使的信，表示了達賴喇嘛親政的情況和西藏地方當局準備同中央和談的願望。二十九日，中央覆電表示歡迎達賴喇嘛派人到北京商談和平解放西藏問題，勸其不要離開西藏，以免妨礙和談，喪失其原來的地位。達賴喇嘛等人遂再次分別緻信毛主席、朱總司令和周總理。信中說：「在我尚未成年之時，發生了漢藏衝突的事情，甚感痛心，如今親政，盼望毛主席關懷、施恩於我本人和全體西藏人民。」西藏地方政府終於向與中央談判的方向靠攏。

　　二月中旬，亞東噶廈和拉薩噶廈通過了與中央政府進行談判的代表團名單，以阿沛・阿旺晉美為首席全權代表，以凱墨・索安旺堆、土丹旦達、土登列門、桑頗・登增頓珠為全權代表，亞東噶廈還給五位代表頒發了蓋有達賴喇嘛印章的全權代表證書。證書正面註明了代表的姓名、身分等，背面寫明了可承認西藏是中國的領土、西藏願意每年向中央政府進貢等要求代表們在談判中遵守的條件。達賴喇嘛的姐夫彭措扎西擔任代表團翻譯。三月八日，凱墨和土丹旦達和彭措扎西等動身去印度新德里，經香港到北京。三月二十七日，阿沛等三位在昌都的代表及十二名隨員在平措旺階、樂於泓等人陪同下離開昌都前往北京。途經重慶等地時，受到中共西南局書記鄧小平等的熱情接待。四月二十二日，阿沛等到達北京時，周恩來總理代表毛主席到火車站迎接。四月二十六日，凱墨和土丹旦達一行到達北京。四月二十八日，周總理和中央人民政府李濟深副主席、陳雲、黃炎培副總理宴請西藏和談代表，對他們來京和談表示歡迎，並宣布中央人民政府任命中央民委主任李維漢為首席代表，中央軍委辦公廳主任張經武、第十八軍軍長張國華、西南軍政委員會秘書長孫志遠為代表，與西藏代表談判。此外，班禪大師是西藏公認的重要領袖人物，也有了解和協助西藏地方政府和中央和談工作的權利和責任。十世班禪大師一行於四月底從青海到達北京。

　　四月二十九日，雙方舉行第一次會談，主要是商定談判的程序、步驟，確定以「十大政策」、《共同綱領》等文件為談判基礎，未討論具體問題。五一

▲ 一九五一年西藏地方政府的談判代表：桑頗・登增頓珠、凱墨・索安旺堆、阿沛・阿旺晉美、土丹旦達、土登列門（從左至右）

節阿沛登上天安門城樓觀禮，和班禪大師會面，並同時受到毛澤東接見。五月二日、七日、十日舉行第二、第三、第四次會談時，雙方就「十大政策」逐條發表意見。阿沛等人如實地向中央代表反映了拉薩當局曾提出的「五項條件」，以及拉薩當局對解放軍進藏的疑惑、顧慮，對「西藏實行民族區域自治」條款與「西藏現行各種制度概不變更」等條款之間在文字上是否互相矛盾的問題，也直言不諱地提出了疑問。當中央代表提出西藏要設立軍政委員會，並恢復班禪大師的固有地位時，阿沛等代表也坦誠地提出，這兩條是「十大政策」中所沒有的，事前他們也未獲授權同中央政府商談這兩個問題，因此需要請示達賴喇嘛和噶廈後才能表態。討論中，李維漢等中央代表也推心置腹、詳細地論述了中國各民族關係的歷史以及黨和國家的民族、宗教政策，說明各民族只有平等地聯合起來，共同建國，才是各民族獲得解放的唯一道路，而且深刻地

▲ 西藏地方政府代表在「協議」上簽字。

揭露了近百多年來帝國主義者挑撥離間中國各民族的團結、分裂中國和奴役中國各民族的罪行，說明解放軍進藏是為了保衛邊防，制止外國的侵略，這在歷史上是有先例的。由於國內外都公認西藏是中國的領土，在法理上也是不應該成為問題的。中央代表還就解放軍進駐西藏的人數、物資供給等具體事項，提出了解決辦法。阿沛等西藏代表認為這種全面而系統的、歷史和現實相結合的論述有根有據、令人信服，提出的解決辦法也合情合理、切實可行，他們便斷然地行使全權代表的權力，同意在協議上寫進了這一條。關於成立軍政委員會問題和實行民族區域自治與現行各種制度概不變更諸條之間是否互相矛盾的問題，李維漢等中央代表作了詳盡解釋，民族區域自治是黨和國家的一項基本政策，是要長期實行的；西藏的現行制度概不變更，是根據目前的情況決定的，而且是指中央不強迫變更。如果西藏人民願意變動，那由西藏方面自行安排，這正是民族區域自治的體現。經過這樣解釋後，西藏代表也欣然表示贊同。關

於恢復班禪的固有地位和職權的問題，中央代表指出，三十年來班禪系統一直是愛國的，其地位和職權是指第十三輩達賴與第九輩班禪和好時的地位和職權，西藏代表對此也表示了同意。此後不久，亞東也來電表示同意將班禪問題列入協議。關於成立軍政委員會問題，李維漢就其性質、作用、職權和人選問題作了解釋，屆時就這些問題還要同西藏地方政府商量解決。經過雙方仔細地切磋、斟酌，藏漢文本的協議條文在二十日第六次會談時就形成了。二十一日第七次會談時，主要解決藏漢文表達上的一些技術性問題，最後定名為《中央人民政府和西藏地方政府關於和平解放西藏辦法的協議》。因有十七項條文，

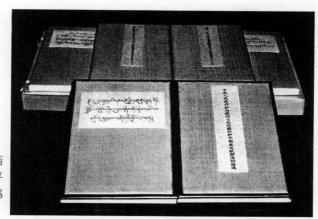

▶ 《中央人民政府和西藏地方政府關於和平解放西藏辦法的協議》漢、藏文文本

▶ 《中央人民政府和西藏地方政府關於和平解放西藏辦法的協議》由雙方代表正式簽字。

▲ 《協議》簽定後，毛主席設宴款待阿沛·阿旺晉美。

故簡稱為「十七條協議」。

一九五一年五月二十三日，北京中南海勤政殿，雙方代表正式簽字。舉行簽字儀式時，朱德、李維漢和阿沛·阿旺晉美都講了話。二十四日，毛主席在中南海懷仁堂設宴慶祝協議的簽訂，他以喜悅的心情指出：「現在，達賴喇嘛所領導的力量與班禪額爾德尼所領導的力量與中央人民政府之間，都團結起來了，這是中國人民打倒了帝國主義及國內反動統治之後才達到的。」隨後，《人民日報》公布《協議》全文，班禪及班禪堪布會議廳發表聲明，表示擁護協議的各項規定，並致電達賴喇嘛，表示願意和達賴喇嘛精誠團結，為徹底實現協議而努力。全國許多地方都為協議的簽訂舉行了慶祝活動。

二十五日，毛澤東以中央軍委主席的名義，發布了中國人民解放軍進軍前後藏的命令，中共中央西南局和西北局立即作了部署。六月二日，阿沛、土登列門一行離京返昌都。六月十三日，張經武同凱墨、土丹旦達、桑頗等人一道，自北京啟程，經香港、新加坡、印度，於七月十四日抵達亞東的東嘎寺，

▶ 一九五一年七
月，中央人民政
府代表張經武到
達西藏亞東。

▲ 根據《協議》規定，人民解放軍向西藏
地方進軍駐防。

▲ 一九五一年秋，中國人民解放軍根據「十七
條協議」和平進軍西藏，到達古城拉薩。圖
為入城儀式。

向達賴喇嘛面交了毛主席的親筆信和協議副本。信中肯定達賴喇嘛親政後派代表赴京和談是正確的，希望他根據協議規定儘力協助人民解放軍和平開進前後藏。八月八日和十七日，張經武和達賴喇嘛一行先後從亞東返抵拉薩，張經武以中央人民政府駐藏代表的身分，在拉薩大力開展以上層人士為主要對象的反帝愛國統一戰線工作，積極宣傳協議精神及黨和國家的民族、宗教政策。九月十二日，阿沛、土登列門等經昌都返抵拉薩。九月二十四日至二十六日，噶廈召開有三百多名各級僧俗官員參加的大會，由阿沛等五名赴京和談的代表向大會報告簽訂協議經過及執行全權代表職務的詳情，並出示協議正本。經過討論，大會通過了一份上報達賴喇嘛的呈文，寫道：「簽訂的十七條協議，對於達賴喇嘛之宏業，西藏之佛法、政治、經濟諸方面，大有裨益，無與倫比，理當遵照執行。」於是，在當年十月二十四日，達賴喇嘛致電毛主席，表示對於

▲ 駐藏人民解放軍在拉薩東郊幫助當地農牧民秋收。

「十七條協議」,「西藏地方政府及藏族僧俗人民一致擁護,並在毛主席及中央人民政府領導下,積極協助人民解放軍進藏部隊,鞏固國防,驅逐帝國主義勢力出西藏,保護祖國領土主權的統一,謹電奉聞」。

在此前後,根據協議的規定和毛主席的訓令,進軍西藏任務逐步完成。一九五二年二月十日,西藏軍區宣告成立,以張國華為司令員,阿沛·阿旺晉美、朵喀·彭措繞傑、昌炳桂為第一、二、三副司令員,譚冠三為政委,范明和王其梅為副政委。三月七日,成立了以張經武為書記,張國華、譚冠三、范明為副書記的中共西藏工作委員會。昌都地區的黨組織由西藏工委領導。四月二十八日十世班禪大師抵達拉薩,在同達賴喇嘛會見後於六月二十三日到達日喀則。

第十一章

西藏自治區
的建立

西藏和平解放後，西藏的政治形勢仍然十分複雜。中共中央對西藏地方的工作，一直貫徹了「慎重穩進」的指導方針。中央政府從西藏社會的實際和上層統治集團的狀況出發，在「十七條協議」中充分照顧到西藏各階層的利益，特別是上層統治集團的利益，因而協議得到了西藏大多數人的擁護。但是有一些頑固堅持分裂主義立場的親帝國主義分子還是千方百計地阻撓協議的執行，無理地提出要修改「十七條協議」，要求人民解放軍撤出西藏。西藏和平解放後激烈的鬥爭仍然持續不斷。

▲ 舊時的西藏封建農奴主和貴族官員

一九五一年十一月，在司曹（代理攝政）魯康哇和洛桑扎西的暗中支持下，由一些色拉寺僧人糾集社會上一些無業遊民和地痞發起組織了一個叫做「人民會議」的組織。人民解放軍進駐拉薩後，這個組織一再變換手法，製造事端，擾亂社會秩序。一九五二年三月十一日，該組織起草了一份「請願書」，反對「和平解放西藏辦法的協議」，要求撤走解放軍，並組織上街遊行，呼喊「西藏獨立」等口號，造成拉薩市內秩序混亂。魯康哇和洛桑扎西對這份「請願書」表示完全同意，讓噶廈接下這份「請願書」，並稱這次請願是「西藏史無前例的創舉」。三十一日，噶廈派秘書把「請願書」送到中央代表的住所，第二天他們又糾集二千多人，包圍中央代表張經武的住所、外事處、人民銀行，呼喊口號，肆意挑釁。有的反動分子還向阿沛・阿旺晉美的住所開槍，魯康哇和洛桑扎西還將駐防日喀則的藏軍私自調來拉薩，以策應騷亂。面對「人民會議」分子製造的騷亂，張經武三次致函達賴喇嘛，要求他出面取締「人民會議」這一反動組織，命令噶廈維持拉薩的社會秩序。四月八日，在拉薩市區持續騷亂的情況下，張經武僅帶幾名隨員冒著生命危險登上布達拉宮去會見達賴喇嘛，要求達賴喇嘛解散「人民會議」，撤銷魯康哇、洛桑扎西的司曹職務。四月二十七日，達賴喇嘛下令撤銷魯康哇和洛桑扎西的司曹職務，噶廈將「人民會議」的骨幹分子嘉央達哇等抓捕審判。五月一日，西藏軍區和噶廈分別發出布告，宣布「人民會議」為非法組織，予以取締。

　　一九五二年四月，中共中央發出的《關於西藏工作方針的指示》中指出：「要用一切努力和適當辦法，爭取達賴及其上層集團的大多數，孤立少數壞分子，達到不流血地在多年內逐步地改革西藏經濟政治的目的。」在取得對司曹魯康哇和洛桑扎西及「人民會議」的鬥爭的勝利後，中共中央在八月十六日又指示西藏工委：「你們今後一個較長時期的工作，應以上層統一戰線，首先是爭取和團結達賴和班禪及其上層集團的大多數，以及爭取時間解決生產自給和交通運輸問題為主要任務。」經過西藏工委耐心細緻的工作，逐步消除了達賴和班禪兩個集團之間的猜疑，並根據「十七條協議」的精神，就恢復班禪固有

◀ 一九五四年，達賴喇嘛、班禪額爾德尼出席中華人民共和國第一屆全國人民代表大會第一次會議，參加投票選舉，達賴喇嘛當選為全國人民代表大會常務委員會副委員長，班禪額爾德尼當選為全國人大常委會委員。

地位和職權的問題，班禪堪布會議廳和噶廈的官員進行了談判，於一九五二年六月十六日簽訂了《西藏地方政府與扎什倫布寺喇章談判備忘錄》，合理解決了噶廈歸還原屬班禪的轄地及有關問題。一九五四年，達賴喇嘛和班禪額爾德尼一起出席了在北京召開的中華人民共和國第一屆全國人民代表大會，參與討論和通過新中國的第一部憲法。在這次會議上，達賴喇嘛當選為全國人民代表大會常務委員會副委員長，班禪當選為常務委員會委員。在稍後舉行的中國人民政治協商會議第二屆第一次會議上，班禪當選為全國政協副主席。達賴喇嘛和班禪額爾德尼在京期間，毛澤東主席多次接見他們，同他們親切交談，勉勵他們團結起來，和進藏的漢族幹部團結起來，搞好西藏的工作。會議前後，達賴喇嘛和班禪額爾德尼還到內地一些省區參觀訪問。

西藏工委還採取多種形式加強統一戰線的工作，一九五三年初，經張經武和達賴喇嘛商定批准，成立了拉薩市愛國青年文化聯誼會。該會除團結藏族青年開展政治文化學習、演出歌舞節目外，還組織西藏各地的青年參觀團到內地參觀學習。日喀則、江孜、昌都、阿里等地也成立了愛國青年文化聯誼會。一九五六年九月，西藏愛國青年聯誼會成立，全區會員發展到六千多人。一九五四年，還先後成立了拉薩市

▲ 一九五四年九月，毛澤東主席在北京中南海勤政殿接見達賴喇嘛（右）和班禪額爾德尼。

▲ 一九五五年春，毛澤東主席、劉少奇委員長、周恩來總理與十四世達賴喇嘛、十世班禪一起在北京歡度藏曆新年。

愛國婦女聯誼會和西藏愛國婦女聯誼會。青年文化聯誼會和婦女聯誼會廣泛連繫上層人士的家屬子女，並通過他們影響西藏上層人士，發揮了重要作用。從一九五二年八月達賴喇嘛、班禪額爾德尼派出第一個西藏致敬團和參觀團到北京向中央人民政府和毛澤東主席致敬獻旗並參加國慶觀禮活動，到一九五七年西藏共組織了十三批一千多人到內地參觀，參加人員有西藏地方政府和班禪堪布會議廳的官員、宗教界人士、工商界代表、青年婦女代表等。在內地參觀回到西藏後，他們用自己的見聞向各界廣泛宣傳，產生了很大的影響。另外，還有一些藏族青少年，包括不少貴族的子女到內地的民族院校去學習。

在開展統一戰線工作的同時，中國人民解放軍在沿途藏族民工的支援下，加緊修築從雅安到拉薩的康藏公路和從青海格爾木到拉薩的青藏公路。兩條公路的修築，共投入軍工民工十一萬多人，在四年多極其艱難的築路工程中，先後有三千多人犧牲。一九五四年十二月，青藏公路和康藏公路全線修通，在拉薩市舉行了隆重的通車典禮。毛澤東主席題詞：「慶祝康藏、青藏兩公路的通

▲ 翻身農奴憤怒焚燒三大領主據以壓迫和剝削他們的高利貸債契和人身依附文契。

▲ 西藏軍區政委、中共西藏工委副書記譚冠三和藏族人民一起修水渠。

▲ 老阿媽給前來幫助秋收的中國人民解放軍斟茶。

車，鞏固各民族人民的團結，建設祖國。」康藏公路和青藏公路的通車，便利了內地和西藏之間的交通，對鞏固西南邊防具有重要意義。

一九五二年九月六日，中央人民政府駐西藏代表外事幫辦辦公室在拉薩成立，在外交部的領導下，統一處理西藏地區的涉外事務。由於新中國成立時已宣布廢除帝國主義國家強加給中國的一切不平等條約，印度政府繼承了英國在西藏的各種特權，尼泊爾憑藉過去的條約在西藏享有一些特權，這些均已沒有延續的合法依據。一九五二年六月，周恩來總理針對印度政府來文中多次提出印度在西藏的「權益」問題，提議將印度在拉薩的代表處改為總領事館，中國在印度的孟買對等設立總領事

館，印度政府同意了這一建議。接著，中印兩國政府的代表團從一九五三年底開始，經過四個月的談判，於一九五四年四月九日簽訂了《關於中國西藏地方同印度之間的通商和交通協定》，規定了中印兩國政府互設商務代理處、互設貿易市場以及兩國香客朝聖事宜的有關辦法。印度政府同意中國政府在新德里、加爾各答、噶倫堡三地設立商務代理處，中國政府同意印度政府在亞東、江孜、噶大克三地設立商務代理處，不享受治外法權。雙方又互換照會，規定印度在六個月內全部撤走其駐紮在亞東、江孜的武裝衛隊，並將印度政府在西藏地方經營的郵政、電報、電話及十二個驛站等折價交給中國。一九五六年，中國和尼泊爾兩國經過談判，簽訂了《中華人民共和國和尼泊爾王國保持友好關係以及中國西藏地方和尼泊爾之間的通商和交通協定》，尼泊爾將其駐拉薩的代表處改為總領事館，將其駐紮在西藏拉薩和其他地方的武裝部隊撤離。

經過幾年的努力，西藏出現了比較平靜和團結穩定的局面。一九五四年九月，在達賴喇嘛和班禪額爾德尼在北京參加全國人民代表大會期間，毛主席在接見他們時提出，「十七條協議」規定西藏要建立軍政委員會，但是現在各大區的軍政委員會都已撤銷，因此西藏沒有成立軍政委員會的必要，可以考慮成

◀ 西藏自治區籌備委員會辦公樓

▶ 西藏自治區籌委會
委員們在辦公。

立西藏自治區籌備委員會的問題。達賴喇嘛和班禪大師都同意毛主席的這一提
議。當年十一月，西藏地方政府、班禪堪布會議廳、昌都地區人民解放委員
會、中央政府等四個方面的代表召開會議，正式成立了西藏自治區籌備委員會
籌備小組，並就籌備委員會的性質、任務、人員組成、下設機構、財政問題等
進行了兩個多月的協商，提出了草案。一九五五年三月九日，國務院全體會議
通過了《關於成立西藏自治區籌備委員會的決定》，決定指出，西藏自治區籌
備委員會是負責籌備成立西藏自治區的帶政權性質的機關，受國務院領導，其
主要任務是依據中國憲法、關於和平解放西藏辦法的協議和西藏的具體情況，
籌備在西藏地區實行民族區域自治，並決定達賴喇嘛任西藏自治區籌備委員會
主任委員，班禪額爾德尼任第一副主任委員，張國華任第二副主任委員，阿
沛·阿旺晉美任秘書長。達賴喇嘛和班禪額爾德尼都參加了這次會議。經過一
年多的艱苦籌備，一九五六年四月二十二日，西藏自治區籌備委員會在拉薩正
式成立，中央人民政府派以陳毅副總理為團長的代表團專程到拉薩向西藏各族
人民表示熱烈祝賀。在成立大會上，達賴喇嘛致開幕詞，陳毅副總理宣讀國務
院命令，宣布西藏自治區籌備委員會由五十一名委員組成，其中藏族委員四十

▲ 翻身農奴喜分牲畜。

▲ 首批拖拉機從祖國內地運到拉薩。

八人，並代表國務院把西藏自治區籌備委員會的大印授予主任委員達賴喇嘛。在二十三日的會議上，達賴喇嘛、班禪額爾德尼向全體委員作了工作報告，二十四日，張國華作了工作報告。五月一日的會議上，班禪額爾德尼致閉幕詞，大會通過了《西藏自治區籌備委員會組織簡則》。五月二日，拉薩僧俗各界三萬多人舉行盛大集會和遊行，熱烈慶祝西藏自治區籌備委員會成立。

但是圍繞「分裂和反分裂」以及「民主改革」的問題，激烈的鬥爭一直在延續。在準備成立西藏自治區籌備委員會期間，已被取締的西藏「人民會議」的一些成員又在噶廈一些人的支持下開始活動。一九五五年五月，達賴喇嘛從北京返回西藏途中，「人民會議」分子阿樂群則等分三批到康定、昌都和太昭，向達賴喇嘛遞交「請願書」，要求達賴喇嘛領頭搞「西藏獨立」。與此同時，達賴喇嘛的經師赤江活佛、噶倫索康以舉行佛事活動為名，分別在裡塘、甘孜等地召集當地的土司頭人和上層僧人，鼓動他們反對民主改革，反對共產黨，發動武裝叛亂，甚至表示噶廈可以為他們提供武器支援。六月二十九日，達賴喇嘛回到拉薩，阿樂群則等又趕到拉薩，向達賴喇嘛呈送「匯報請願書」，要求恢復「人民會議」的地位。九月國務院公布成立西藏自治區籌備委員會的決定後，阿樂群則等人又以西藏「人民代表」的名義，向中共西藏工委遞交所謂「前後藏、康區人民意見書」，公開提出反對「十七條協議」、反對成立西藏自治區籌備委員會等，在社會上造成混亂。一九五六年二月拉薩傳昭大法會期間，他們散發大批傳單，叫嚷「西藏獨立」，要解放軍撤出西藏。不久，緊鄰西藏的四川甘孜地區就發生少數反動頭人反對改革的武裝叛亂。根據中央的指示，中共西藏工委向達賴喇嘛和噶廈指出，阿樂群則等人的意見書是反對達賴喇嘛和西藏地方政府的領導，反對國務院的決定，要求噶廈對此採取行動加以制止。在西藏工委多次要求下，噶廈被迫宣布阿樂群則等人的「人民代表」是非法的，並將阿樂群則逮捕。但是噶廈的這個行動是做給西藏工委看的，不久就將阿樂群則放出來，阿樂群則於一九五六年九月逃往印度噶倫堡，與嘉洛頓珠、魯康哇、夏格巴等人一起進行反對祖國、製造分裂的陰謀活動。

他們成立政治組織，辦報紙鼓吹「西藏獨立」，還選派人員到美國的軍事基地去接受特別訓練，為後來在西藏組織武裝叛亂做準備。

由於西藏相鄰各省的民族地區正在進行改革的消息不斷傳到拉薩，在西藏自治區籌備委員會成立的會議上，民主改革成為西藏各階層普遍關心的一個焦點問題。在達賴喇嘛、班禪大師、張國華的報告和陳毅副總理的講話中都談到這個問題。他們指出，在西藏地區實行民主改革在「十七條協議」中已有規定，西藏的民主改革要根據西藏工作的進展和各方面的具體情況，由西藏民族的領袖和廣大人民自己決定，改革的方法也要採取自上而下、和平協商的辦法。但是在會議之後，一些反對改革的上層人士還是策劃了武裝叛亂，企圖用武力來阻止民主改革的到來。達賴喇嘛的副官長帕拉土登維登就和四川裡塘、甘孜的叛亂分子保持著密切的連繫，他要求他們迅速擴大武裝，並把叛亂之火燒到西藏來。一九五六年七月，昌都江達縣的大頭人齊美公布（當時任縣解放委員會主任）在拉薩參加完西藏自治區籌備委員會成立大會後，回到江達就夥同江東的德格土司和管家上山叛亂。十一月，昌都寧靜地方也發生以大頭人普

▲ 不堪重負的女農奴　　▲ 舊西藏時的墨竹工卡甲瑪池康莊園

巴本為首的叛亂。叛亂分子騷擾百姓，搶劫公路道班，破壞交通設施，伏擊解放軍的汽車隊，打死打傷解放軍官兵。

一九五六年十一月，應印度政府邀請，達賴喇嘛和班禪大師從日喀則出發，到錫金甘托克乘飛機去印度新德里參加紀念釋迦牟尼涅槃二千五百年活動。達賴喇嘛一到新德里就

▲ 被農奴主挖掉雙眼的農奴布德

被嘉洛頓珠、夏格巴等人包圍，達賴喇嘛的大哥諾爾布也從美國趕來勸說，他們要求達賴喇嘛留在印度領導「西藏獨立運動」，或者從印度去美國。達賴喇嘛在他們的鼓動下思想動搖，對參加紀念活動後是否返回西藏猶豫不決，提出要經過噶倫堡、亞東返回拉薩。當時，周恩來總理和賀龍副總理正在訪問印度、巴基斯坦。周總理向印度總理尼赫魯說明中央政府對西藏的政策，指出有一些人在印度對中國西藏進行顛覆活動，要求印度政府予以注意。如果外來的顛覆活動不停止，中國有必要加強對西藏的管理。周總理還在一個月內和達賴喇嘛三次談話，重申中央關於在第二個五年計劃內西藏不搞改革的決定，也就是六年之內不搞改革，六年之後是不是改革，仍然由達賴喇嘛和西藏的領袖人物根據那時的情況來決定。現在西藏主要是搞好建設，發展經濟，改善西藏人民的生活。周總理還對達賴喇嘛說：「你之所以有這麼大的名望，又被別人尊重，完全是西藏人民賦予你的。如果你留在印度，就和西藏人民脫離了關係，人民在國內，你在國外，人民不會支持你搞獨立，離開人民就將喪失一切。」周總理還宴請達賴喇嘛的親屬，對他們做工作，還當面批評達賴喇嘛的兩個哥哥搞「西藏獨立」的錯誤行徑，向他們說明利害關係。經過周總理的耐心說服，雖然達賴喇嘛及其主要隨行官員去了噶倫堡，在那裡活動了一段時間，達

賴喇嘛最後還是於一九五七年二月十五日回到亞東，四月一日回到拉薩。

　　一九五七年五月二十日，在噶廈的默許下，從金沙江以東流竄到拉薩的以恩珠倉公布扎西為首的叛亂分子在拉薩建立了一個名叫「四水六崗」的叛亂組織。七月，「四水六崗」向達賴喇嘛獻「金寶座」，達賴喇嘛給到場的甘青川滇各地叛亂分子代表五百人掛了哈達。一九五八年三月，「四水六崗」、三大寺、藏軍的代表聚集在恩珠倉在拉薩的住宅，策劃組織更大規模的叛亂。六月，恩珠倉帶著空投特務和電台到山南哲古宗建立叛亂武裝根據地，七月間，在山南宣布成立「衛教軍」，叛亂活動迅速蔓延到西藏大部分地區。八月，恩珠倉率叛亂分子近千人竄到後藏南木林，取走噶廈存放在甘丹青柯寺的藏軍的武器裝備，擴大叛亂武裝。十月，叛亂分子七百多人圍攻中共山南分工委駐地澤當，經過激烈戰鬥後被擊退。藏軍各代本的連、營長在羅布林卡開會，決定允許藏軍去參加武裝叛亂，此後就有成股的藏軍官兵攜槍參加叛亂。叛亂分子襲擊解放軍車隊的規模越來越大。在中央的提醒和勸導下，一九五八年十一月二日，達賴喇嘛召集噶廈的全體噶倫、三大寺的堪布、藏軍司令、侍從堪布等人開會，要求西藏地方政府全體官員採取積極態度，認真負起平叛的責任。但在十一月五日噶廈的全體官員會議上，噶廈的官員們名義上討論如何平息叛亂，實際上卻在討論如何支持和掀起更大的叛亂，並決定「達賴喇嘛不宜去北京參加第二屆全國人民代表大會」。緊接著，美國中央情報局向山南的叛亂武裝空投和運送了大量武器彈藥，支持叛亂。十二月，山南叛亂武裝在貢噶、扎囊兩次伏擊解放軍車隊，每次都造成解放軍官兵數十人死亡。一九五九年一月，以恩珠倉為首的叛亂分子二千人再次圍攻山南分工委駐地澤當，激戰七十多天，直到拉薩市的叛亂平定後才解圍。同時，在拉薩地區也聚集了越來越多的武裝叛亂分子，準備在拉薩製造大規模的叛亂。在武裝叛亂愈演愈烈的情況下，中央和西藏工委多次要求噶廈官員認真負起維護地方安寧的職責，採取有力的措施，平息叛亂。但是噶廈中的反動勢力始終採取陽奉陰違的辦法，縱容和支持武裝叛亂，最後終於造成一九五九年三月的拉薩事件。

一九五九年二月七日，在布達拉宮舉行的藏曆除夕驅鬼儀式上，達賴喇嘛響應邀前來參觀的西藏軍區副司令員鄧少東和工委秘書長郭錫蘭提出，聽說軍區文工團從內地回來，有不少新節目，想看軍區文工團的表演。鄧少東和郭錫蘭當即表示同意，並請達賴喇嘛確定時間。達賴喇嘛說最近要舉行傳昭法會，他要在法會上考格西學位，所以演出要在其後安排，在軍區的禮堂觀看。鄧少東當天就把達賴喇嘛的這個意願告訴了索康等噶倫和達賴喇嘛的副官長帕拉。但是在傳昭法會期間，反動分子支使藏軍無故逮捕青藏公路拉薩辦事處的兩名漢族工人，製造「漢人要行刺達賴喇嘛，兇手當場抓獲」的謠言，攪亂人心。此事被揭穿後，他們又造謠說貿易公司樓上架有機槍，對準大昭寺講經台，所以達賴喇嘛取消藏曆正月十五的講經（實際情況是達賴喇嘛因身體睏倦而取

▲ 拉薩運輸總站被叛匪縱火燒燬。

消）。反動分子還散發傳單，反對「十七條協議」，叫囂「西藏獨立」，為叛亂做輿論準備。三月一日，西藏工委統戰部負責人到羅布林卡請達賴喇嘛確定看文工團演出的時間和地點，達賴喇嘛說大體確定在藏曆二月初一、初二、初三（西曆三月 10、11、十二日），並讓統戰部負責人與代理基巧堪布噶章洛桑仁增直接協商。經過連繫，統戰部和噶章洛桑仁增商定，三月十日下午三點達賴喇嘛到軍區禮堂觀看演出。

就在這時，噶廈中的多數噶倫和反動分子卻利用達賴喇嘛看演出這件事，加緊策動武裝叛亂，並陰謀安排達賴喇嘛出走。三月九日晚，根據噶廈的指示，拉薩米本（拉薩市長）洛卡哇澤旺仁增煽動拉薩市民說：「達賴喇嘛要到軍區赴宴看戲，漢人準備毒死達賴喇嘛，因此每家要出一個人到羅布林卡去請願，請求達賴喇嘛不要去軍區。」這在拉薩市民中造成極大混亂。三月十日早晨，二千多拉薩市民和數百康區叛亂分子湧到羅布林卡，阻止達賴喇嘛去軍區看戲，叛亂分子還不准商店營業，要大家都到羅布林卡去。十二時，叛亂分子在羅布林卡門口砸壞西藏軍區副司令員桑頗才旺仁增的汽車，打傷桑頗才旺仁增，接著又將前往羅布林卡的愛國人士堪窮帕巴拉索朗降措打死，並將屍體拖到拉薩市中心遊街。當天下午，叛亂分子和噶廈的多數噶倫在羅布林卡召開「人民會議」，決定同中央決裂，公開進行「西藏獨立運動」。會議決定由噶倫索康旺清格勒、雪苦巴、噶章洛桑仁增等負責指揮叛亂活動，任命噶倫拉魯策旺多吉為叛亂武裝總司令，並要求在自治區籌備委員會工作的藏族官員不再去辦公，要他們向「西藏獨立國」自首悔過，還決定抽調色拉寺、哲蚌寺僧人武裝進駐羅布林卡擔任達賴喇嘛的警衛。會議以後，叛亂分子以「西藏僧俗人民」的名義，在拉薩市張貼布告，宣稱西藏是獨立的國家，並派代表到印度駐拉薩總領事館，聲明西藏歷來是獨立國家，今天已經正式開始「獨立運動」，要求印度給予「保護」。當天晚上，三大寺的數千武裝僧人進入拉薩，駐拉薩的藏軍進入臨戰狀態，分散在拉薩附近的武裝叛亂分子也向拉薩市區聚集。噶廈還派人打開軍械庫，把槍枝彈藥分發給叛亂分子。叛亂分子還通過印度總領

事館給噶倫堡的夏格巴發密電，要夏格巴向世界宣布「西藏獨立國」已經成立，還要他向印度政府、聯合國報告，要他們派代表到西藏觀察了解形勢。

為了繼續對達賴喇嘛進行爭取工作，當時代理中央人民政府駐藏代表職務的西藏軍區政委譚冠三於三月十日、十一日和十五日先後三次寫信給達賴喇嘛，對達賴喇嘛受叛亂分子控制的處境表示體諒，歡迎達賴喇嘛所做的願意來軍區的表示，指出反動分子所進行的叛國活動已經發展到不能容忍的地步，現在中央仍然希望西藏地方政府改變錯誤態度。達賴喇嘛在給譚冠三的三封信中表示，反動分子藉口保護他的安全正在進行著危害他的活動，對此他正設法平息，一旦有了一定數量的足以信賴的力量，他將採取祕密的方式前往軍區。但是到三月十七日夜間，在索康、柳霞、夏蘇等三位噶倫和帕拉、赤江等人的安排下，達賴喇嘛及其家屬、隨從、護衛等六十多人化裝逃離羅布林卡，從羅布林卡附近渡過拉薩河，連夜逃往山南。由於毛澤東主席在三月十二日就指示西藏軍區，「如果達賴及其一群逃走時，我軍一概不要阻攔，無論去山南、去印度，讓他們去」，所以，達賴喇嘛一行在長達兩個星期的逃跑途中，沒有受到解放軍的追趕和阻截。

達賴喇嘛離開拉薩後，叛亂分子以為就此可以放手對在拉薩的解放軍和黨政機關發動進攻，一舉取勝。三月十九日，集中在拉薩的叛亂武裝達到七千人，配備有大炮和機槍等重武器，占據了布達拉宮、藥王山、羅布林卡和拉薩市內的各個堅固建築，對西藏軍區、西藏工委形成包圍態勢。三月二十日凌晨三時四十分，叛亂武裝對市內各個機關、部隊和企事業單位發動了全面的武裝進攻。上午十點，西藏軍區決定動用在拉薩的不到兩個團的機動兵力，在炮兵的支持下對叛亂武裝發起反擊。當天下午六點，解放軍攻占叛亂分子重兵防守的藥王山，切斷羅布林卡和拉薩市內叛亂武裝的連繫。經過一晝夜的戰鬥，二十一日上午攻占了除大昭寺和布達拉宮以外的叛亂武裝的所有據點。二十二日凌晨，盤據布達拉宮和大昭寺的叛亂分子也舉起白旗投降，拉薩市區的叛亂全部平息。三月二十六日，達賴喇嘛一行逃到山南隆子縣，就由噶倫索康代表達

▲ 一九五九年三月，西藏上層反動集團的武裝叛亂被平息，叛匪投降。

賴喇嘛在山南地區的領主頭人和叛亂分子參加的大會上宣布成立「西藏臨時政府」，以隆子宗為「臨時首都」，並以臨時政府的名義發布命令，宣稱西藏在多年以前就已經是一個「政教合一的獨立國」。二十八日，周恩來總理發布國務院命令，責成西藏軍區徹底平息叛亂，並宣布自即日起，解散西藏地方政府，由西藏自治區籌備委員會行使西藏地方政府職權，在達賴喇嘛被劫持期間，由班禪額爾德尼代理主任委員職務，任命帕巴拉·格列朗傑為副主任委員，阿沛·阿旺晉美為副主任委員兼秘書長。撤銷叛亂分子索康、柳霞、夏蘇等十八人的自治區籌備委員會委員和其他一切職務，並按國家法律分別給予懲處。三十一日，達賴喇嘛一行越過「麥克馬洪線」，進入印占區，通過印度的一個哨所向印度政府請求「政治避難」。一九六四年十二月十九日，國務院發布《關於撤銷達賴喇嘛丹

◀ 拉薩各界人民走上街頭熱烈歡慶平息叛亂的勝利。

增嘉措職務的決定》，撤銷了他的西藏自治區籌備委員會主任委員和委員的職務。

　　駐藏人民解放軍部隊遵照中央的命令，在西藏廣大人民的支援下，用了兩年多的時間，到一九六一年十月以前肅清了西藏全區的殘餘叛亂分子，平息叛亂的鬥爭取得了最後的勝利。根據中央邊平叛邊改革的方針，西藏工委和自治區籌備委員會領導全區人民進行了徹底摧毀封建農奴制度的民主改革運動，推翻封建農奴主階級的統治，解放百萬農奴，把封建領主占有的土地和牲畜等分配給農牧民，變生產資料的農奴主所有製為農牧民的個體所有制，廢除上層僧侶和封建貴族專政的「政教合一」封建農奴制度。同時，堅持和平改革的方針，對未參加叛亂的領主占有的多餘生產資料實行贖買政策，減少了改革的阻力，保證了民主改革的順利完成。

　　一九六五年六月二十八日，西藏工委向中央報告，預定在九月一日召開西藏自治區第一屆人民代表大會，選舉西藏自治區人民委員會，成立西藏自治

▲ 第一次參加選舉的人民代表

▲ 翻身農奴喜分土地，獲得人民政府頒發的土地證。

▲ 一九六五年九月，阿沛·阿旺晉美當選為西藏自治區人民委員會首任主席。

區。八月二十三日國務院全體會議批准了西藏自治區籌備委員會關於正式成立西藏自治區的報告。中央決定中共西藏工委改為中共西藏自治區委員會。八月三十日，西藏自治區籌備委員會舉行了最後一次會議，通過了向自治區第一屆人民代表大會提出的工作報告，從而勝利完成了西藏自治區籌備委員會的歷史任務。

一九六五年九月一日，西藏自治區第一屆人民代表大會在拉薩召開，西藏自治區宣布正式成立。周恩來總理本來要到拉薩參加慶祝大會，到了成都後因故未能成行。中央代表團團長謝富治在大會上講話，代表中共中央、國務院向大會祝賀。張國華代表中共西藏自治區委員會作報告，總結了黨在西藏十五年來的工作。阿沛·阿旺晉美代表西藏自治區籌備委員會作工作報告。九月八日，大會選舉產生西藏自治區人民委員會，阿沛·阿旺晉美當選主席，周仁山、帕巴拉·格列朗傑、郭錫蘭等當選副主席，三十七人當選委員。

西藏自治區的成立，標誌著西藏曆史進入了一個嶄新的階段。一九六五年西藏自治區成立後，民族區域自治制度在西藏的成功實踐，使西藏社會迸發出驚人的活力。改革開放三十多年來，西藏的發展受到國家的高度重視，中央政府和一些經濟走在前列的省區對西藏給予了大力支持援助。國家在西藏實行了一些特殊政策，如上世紀八〇年代初免除農業稅、休養生息的政策，一九八四年採取「土地歸戶使用，自主經營，長期不變」和「牲畜歸戶，私有私養，自主經營，長期不變」的政策，以及二〇〇一年，中央政府確定對西藏地方財政實行「收入全留、補助遞增、專項扶持」的特殊優惠政策等等。中央連續六次

▲ 一九六五年九月一日，西藏自治區第一界人民代表大會在拉薩召開，西藏自治區正式成立。

召開西藏工作會議，先後實施援藏「43 項工程」、「62 項工程」和「117 項工程」和「226 項工程」等，大大改善了西藏地方的基礎建設狀況。從一九九五年開始實施的全國對口支援西藏的工作，力度不斷加大，形成分片負責、對口支援、定期輪換的辦法，並進一步完善了幹部援藏和經濟援藏、人才援藏、技術援藏相結合的工作格局，有力地推動了西藏的經濟發展和社會進步，為西藏地方實現跨越式發展和長治久安的宏偉目標打下了堅實基礎。西藏人民群眾的宗教信仰自由、風俗習慣得到尊重，西藏的傳統文化保護、環境保護事業飛速發展，成為整個西藏地方歷史上最好的發展時期。六〇年的西藏工作，經驗寶貴，成就卓著，對此認真加以總結，必將更好地為促進西藏經濟社會發展、進步，為發展和繁榮民族文化，為西藏的精神文明建設服務。

附錄
中央人民政府和西藏地方政府
關於和平解放西藏辦法的協議

（1951 年 5 月 23 日）

　　西藏民族是中國境內具有悠久歷史的民族之一，與其他許多民族一樣，在偉大祖國的創造與發展過程中，盡了自己的光榮的責任。但在近百餘年來，帝國主義勢力侵入了中國，因此也就侵入了西藏地區，並進行了各種的欺騙和挑撥，國民黨反動政府對於西藏民族，則和以前的反動政府一樣，繼續行使其民族壓迫和民族離間的政策，致使西藏民族內部發生了分裂和不團結。而西藏地方政府對於帝國主義的欺騙的挑撥沒有加以反對，對偉大的祖國採取了非愛國主義的態度。這些情況使西藏民族和西藏人民陷於奴役和痛苦的深淵。一九四九年中國人民解放戰爭在全國範圍內取得了基本的勝利，打倒了各民族的共同的內部敵人——國民黨反動政府，驅逐了各民族的共同外部敵人——帝國主義侵略勢力。在此基礎之上，中華人民共和國和中央人民政府宣布成立。中央人民政府依據中國人民政治協商會議通過的共同綱領，宣布中華人民共和國境內各民族一律平等，實行團結互助，反對帝國主義和各民族內部的人民公敵，使中華人民共和國成為各民族友愛合作的大家庭。在中華人民共和國各民族的大家庭之內，各少數民族聚居的地區實行民族的區域自治，各少數民族均有發展其自己的語言文字，保持或改革其風俗習慣及宗教信仰的自由，中央人民政府則幫助各少數民族發展其政治、經濟和文化教育的建設事業。自此以後，國內

各民族除西藏及台灣區域外，均已獲得解放。在中央人民政府統一領導和各上級人民政府直接領導之下，各少數民族均已獲得充分享受民族平等的權利，並已經實行或正在實行民族的區域自治。為了順利地清除帝國主義侵略勢力在西藏的影響，完成中華人民共和國領土和主權的統一，保衛國防，使西藏民族和西藏人民獲得解放，回到中華人民共和國大家庭中來，與國內其他各民族享受同樣的民族平等的權利，發展其政治、經濟、文化教育事業，中央人民政府於命令人民解放軍進軍西藏之際，通知西藏地方政府派遣代表來中央舉行談判，以便訂立和平解放西藏辦法的協議。一九五一年四月下旬西藏地方政府的全權代表到達北京。中央人民政府當即指派全權代表和西藏地方政府的全權代表於友好的基礎上舉行了談判。談判結果，雙方同意成立本協議，並保證其付諸實行。

一、西藏人民團結起來，驅逐帝國主義勢力出西藏，西藏人民回到中華人民共和國祖國大家庭中來。

二、西藏地方政府積極協助人民解放軍進入西藏，鞏固國防。

三、根據中國人民政治協商會議共同綱領的民族政策，在中央人民政府統一領導之下，西藏人民有實行民族區域自治的權利。

四、對於西藏的現行政治制度，中央不予變更。達賴喇嘛的固有地位及職權，中央亦不予變更。各級官員照常供職。

五、班禪額爾德尼的固有地位及職權，應予維持。

六、達賴喇嘛和班禪額爾德尼的固有地位及職權，係指十三世達賴喇嘛與九世班禪額爾德尼彼此和好相處時的地位及職權。

七、實行中國人民政治協商會議共同綱領規定的宗教信仰自由的政策，尊

重西藏人民的宗教信仰和風俗習慣，保護喇嘛寺廟。寺廟的收入，中央不予變更。

八、西藏軍隊逐步改編為人民解放軍，成為中華人民共和國國防武裝的一部分。

九、依據西藏的實際情況，逐步發展西藏民族的語言、文字和學校教育。

十、依據西藏的實際情況，逐步發展西藏的農牧工商業，改善人民生活。

十一、有關西藏的各項事宜，中央不加強迫。西藏地方政府應自動進行改革，人民提出改革要求時，得採取與西藏領導人員協商的方法解決之。

十二、過去親帝國主義和親國民黨的官員，只要堅決脫離與帝國主義和國民黨的關係，不進行破壞和反抗，仍可繼續供職，不咎既往。

十三、進入西藏的人民解放軍遵守上列各項政策，同時買賣公平，不妄取人民一針一線。

十四、中央人民政府統一處理西藏地區的一切涉外事宜，並在平等、互利和互相尊重領土主權的基礎上，與鄰邦和平相處，建立和發展公平的通商貿易關係。

十五、為保證本協議之執行，中央人民政府在西藏設立軍政委員會和軍區司令部，除中央人民政府派去的人員外，盡量吸收西藏地方人員參加工作。

參加軍政委員會的西藏地方人員，得包括西藏地方政府及各地區、各主要寺廟的愛國分子，由中央人民政府指定的代表與有關各方面協商提出名單，報請中央人民政府任命。

十六、軍政委員會、軍區司令部及入藏人民解放軍所需經費，由中央人民政府供給。西藏地方政府應協助人民解放軍購買和運輸糧秣及其他日用品。

十七、本協議於簽字蓋章後立即生效。

中央人民政府全權代表

首席代表：李維漢（簽字蓋章）

代表：張經武（簽字蓋章）

張國華（簽字蓋章）

孫志遠（簽字蓋章）

西藏地方政府全權代表

首席代表：阿沛・阿旺晉美（簽字蓋章）

代表：凱墨・索安旺堆（簽字蓋章）

土丹旦達（簽字蓋章）

土登列門（簽字蓋章）

桑頗・登增頓珠（簽字蓋章）

一九五一年五月二十三日於北京

（刊載於 1951 年 5 月 28 日《人民日報》）

昌明文庫·悅讀中國 A0607001

西藏歷史

作　　者	陳慶英
版權策畫	李煥芹
發 行 人	林慶彰
總 經 理	梁錦興
總 編 輯	張晏瑞
編 輯 所	萬卷樓圖書股份有限公司
排　　版	菩薩蠻數位文化有限公司
印　　刷	百通科技股份有限公司
封面設計	菩薩蠻數位文化有限公司
出　　版	昌明文化有限公司

桃園市龜山區中原街 32 號

電話 (02)23216565

發　　行 萬卷樓圖書股份有限公司

臺北市羅斯福路二段 41 號 6 樓之 3

電話 (02)23216565

傳真 (02)23218698

電郵 SERVICE@WANJUAN.COM.TW

大陸經銷

廈門外圖臺灣書店有限公司

　電郵 JKB188@188.COM

ISBN 978-986-496-434-5

2020 年 11 月初版二刷

2019 年 3 月初版

定價：新臺幣 280 元

如何購買本書：

1. 轉帳購書，請透過以下帳戶

　合作金庫銀行 古亭分行

　戶名：萬卷樓圖書股份有限公司

　帳號：0877717092596

2. 網路購書，請透過萬卷樓網站

　網址 WWW.WANJUAN.COM.TW

大量購書，請直接聯繫我們，將有專人為您

服務。客服：(02)23216565 分機 610

如有缺頁、破損或裝訂錯誤，請寄回更換

版權所有·翻印必究

Copyright©2020 by WanJuanLou Books CO., Ltd.

All Right Reserved　　　　　Printed in Taiwan

國家圖書館出版品預行編目資料

西藏歷史 / 陳慶英著. -- 初版. -- 桃園市 ：

昌明文化出版 ；臺北市 ：萬卷樓發行,

2019.03

　面 ；　公分

ISBN 978-986-496-434-5(平裝)

1.歷史 2.西藏自治區

676.608　　　　　　　　　　108003122

本著作物由五洲傳播出版社授權大龍樹（廈門）文化傳媒有限公司和萬卷樓圖書股份

有限公司（臺灣）共同出版、發行中文繁體字版版權。

本書為金門大學產學合作成果。　　　　　校對：洪婉妮／華語文學系三年級